DER LAURA ASHLEY STIL

DER LAURA ASHLEY STIL

IAIN GALE / SUSAN IRVINE

VORWORT VON NICK ASHLEY

BUSSESEEWALD
HERFORD

Englische Ausgabe: Laura Ashley · Style

91 Clapham High Street
London SW4 7TA
Gestaltung: Mavis Henley
Lithos: Newsele Litho Ltd.

Übertragung aus dem Englischen
von Jutta Fanurakis

CIP-Titelaufnahme der Deutschen Bibliothek

Der *Laura-Ashley-Stil* / Iain Gale; Susan Irvine. [Aus d. Engl. übers. von Jutta Fanurakis.] – Herford: Busse Seewald, 1988
Einheitssacht.: Laura Ashley style
ISBN 3-512-00821-6
NE: Gale, Iain [Mitarb.]; EST

Deutsche Ausgabe:

Lektorat: Dieter Erb
Filmsatz: Busse Druck, Herford
Druck und Buchbinderei: LEGO, Vicenza/Italien

ISBN 3-512-00821-6

Umschlagfotos: Interieur aus dem 18. Jahrhundert in Spitalfields, London (Vorderseite); Entwurf »Doge« aus der venezianischen Kollektion von Laura Ashley (Rückseite)

Inhalt

Vorwort

Der Laura-Ashley-Stil besteht für viele im wesentlichen aus den Streublümchenmustern, mit denen so manches Schlafzimmer im viktorianischen Stil ausgestattet wurde und durch die sich Laura Ashley zu Beginn der Firmengeschichte einen Namen gemacht hat. In diesem Buch soll gezeigt werden, daß das nur eine der Facetten des sich ständig weiterentwickelnden Unternehmens ist. Die Firma Laura Ashley, Hersteller von Druckmustern, widmet sich hauptsächlich der Reproduktion von Entwürfen vergangener Zeiten und ist daher der Geschichte der Kunst und des Entwurfs eng verbunden. Wir lassen uns am liebsten von der Vergangenheit inspirieren, denn wir sind der Meinung, daß Entwürfe, die sich im Laufe einer langen Zeit entwickelt haben, Zeitlosigkeit und Aussagekraft besitzen. Einige Abschnitte dieses Buches sind der Geschichte des Entwurfs und der Innenausstattung gewidmet, einer Geschichte, die uns zu unseren Entwürfen angeregt hat. Sie hat uns zu bestimmten Mustern inspiriert, oder als Stimulans für neue Idee und neue Richtungen gewirkt. Wenn auch die Inspiration aus der Vergangenheit kommt, so sind die Entwürfe doch ganz und gar der Gegenwart verpflichtet. Eine Ausstattung soll eine einladende Atmosphäre zu schaffen, und das kann man mit Mustern und Drucken ebenso erreichen wie mit der schlichten Eleganz einfarbiger Stoffe.

Die richtige Atmosphäre zu schaffen, ist das Allerwichtigste, wenn man ein Heim ausstatten will. Für Laura Ashley bedeutet Atmosphäre vor allem und zu allererst Komfort. Wir sind der Meinung, daß ein guter

Entwurf sehr viel mit Funktionalität zu tun hat. Er sollte den Lebensstil der Bewohner und all ihre Gewohnheiten und Tätigkeiten berücksichtigen. Ich schlage vor, daß Sie diese Überlegungen zum Ausgangspunkt Ihrer Planung machen. Zu allererst sollten Sie Prioritäten setzen. Ist das Wichtigste das Familienleben, die Gesundheit oder sind es die Tiere? Ist es die Kunst, der Ferienspaß oder die Phantasie? Wenn Sie das herausgefunden haben, machen Sie es zum Mittelpunkt Ihrer Planung. Sie werden dann keine Mühe haben, den nächsten Schritt zu tun und ein Ambiente nach Ihrem individuellen Geschmack – ob elegant oder hübsch – zu kreieren.

Im Laufe der Zeit, wenn die Kinder erwachsen werden oder wenn neue Interessengebiete hinzukommen, muß sich auch ihre Umgebung verändern können. Schon beim Entwurf berücksichtigen wir, daß unsere Kollektionen vielseitig und anpassungsfähig sein müssen, so daß die dekorative Ausstattung Ihrer Umgebung sich stets ihrem veränderten Lebensstil anpassen kann.

Der Laura-Ashley-Stil diktiert keinen bestimmten Look, der sklavisch nachgeahmt werden soll. Es ist vielmehr die Idee, einen Stil zu finden, der der Umgebung angemessen ist und der den Charakter und den Charme eines Raumes oder eines Hauses unterstreicht und gleichzeitig den Lebensstil und die Individualität der Menschen zum Ausdruck bringt, die dort leben. Daher hoffe ich – gleichgültig, ob Sie in einem riesigen alten Haus leben oder in einer äußerst modern gestalteten Wohnung – daß dieses Buch eine angenehme Lektüre für Sie ist und Sie gleichzeitig durch seine schier unendliche Fülle von Ausstattungs- und Dekorationsvorschlägen zu neuen Ideen anregt.

Nick Ashley.

Die Entstehung eines Stils

Der Name Laura Ashley ist weltweit bekannt und steht für ein Entwurfskonzept, das gleichzeitig innovativ und individuell ist. Das Geschäft am Oxford Circus mit seiner imposanten Fassade ist mitten im West End von London, einer der Einkaufsmetropolen Europas. Es wurde 1985 eröffnet und beweist, daß die Laura-Ashley-Philosophie auch für Geschäftsausstattungen gilt. Die Einrichtung ist aus poliertem Mahagoni. Blumenarrangements und Musik sorgen für ein ruhiges, fast an englische Landhäuser erinnerndes Ambiente. Hier kann man in Ruhe in der Modeabteilung herumschauen oder sich von den Raumausstattungen inspirieren lassen – ein willkommenes Refugium, wo man sich vom Gedränge und Geschiebe in Londons geschäftigster Einkaufsgegend erholen kann.

›Wild Clematis‹ – wie viele der frühen Laura-Ashley-Muster, in Positiv- und Negativversion – verdanken wir der Vorliebe früherer Generationen zum Detail. Dieses Muster wurde von einem viktorianischen Papiermuster für die Innenseiten von Bucheinbänden abgeleitet.

Laura Ashley war eine Traditionalistin. Sie war romantisch und sentimental und scheute sich nicht, ihre Vorliebe für alles Nostalgische einzugestehen. Sie brachte Poesie und Phantasie in das häusliche Alltagsleben und befreite Mode und Inneneinrichtung von Kunstfasern, Plastik und Chrom. »Je blasser und weicher die Farben eines Interieurs sind, desto schöner ist es für mich«, schrieb sie. »Ich sehne mich nach einem neu ausgestatteten Raum, in dem ich mich ganz zu Hause fühlen kann. Ich schwärme für handgearbeitete Patchworkdecken, Stickereien, Flickenteppiche, Spitzen und weiß gestärktes Leinen (natürlich auch für das altmodische Bügeleisen). Am liebsten habe ich in Häusern mit gefliesten Böden gewohnt, wo Kinder in Gummistiefeln herumtoben, und trotzdem ist es mir immer gelungen, das Zeremoniell der Mahlzeiten und die absolute Ruhe in den Schlafzimmern aufrechtzuerhalten. Denn das ist das Wesentliche, was eine Wohnung zum Heim macht.«

»Heim«, das war das Zauberwort für Laura Ashley, um dieses Wort rankten sich ihre Wertvorstellungen und ihr Weltbild. Ein Heim im Laura-Ashley-Stil kann bescheiden und puritanisch sein oder prachtvoll und kühn; es kann mit einfachem geblümten Chintz ausgestattet sein oder mit dem kostbarsten Damast – aber es muß vor allem behaglich und einladend sein. Die Geschichte dieses riesigen internationalen Design- und Einzelhandelsunternehmens ist eine der ganz großen Erfolgsstories der Nachkriegszeit: Es begann auf dem Küchentisch von Laura und Sir Bernard Ashleys erster Wohnung im Dachgeschoß eines Hauses im Londoner Stadtteil Pimlico. Das Anfangskapital betrug 100 Pfund.

Das war 1953. Bernard Ashley arbeitete in der City von London, seine junge Frau Laura hütete zu Hause die Kinder und fertigte als Nebenbeschäftigung mit Hilfe eines klobigen Apparates für Seiden- und Schablonendruck Kopftücher und Tischsets an, die sie an Kaufhäuser und benachbarte Einzelhandelsgeschäfte verkaufte. Im Laufe der Zeit vergrößerte sich die Familie, und noch heute sind die vier Kinder der Ashleys in irgendeiner Funktion für die Firma ihrer Eltern tätig. Das Geschäft vergrößerte sich ebenfalls – allerdings etwas sprunghafter. In der Nachbarschaft wurden Arbeitsräume angemietet, und Bernard Ashley entwickelte neue Apparate zum Färben und Drucken von Geweben, die leichter als andere zu handhaben waren. Durch diese Arbeitserleichterung war es möglich, die Produktion auf Kleiderstoffe auszuweiten. Bernard Ashley kündigte seine Stellung und kümmerte sich von da an um die Finanzen. Das Geld reichte gerade noch, um Bert – einen jungen Maler – einzustellen, der beim Stoffdrucken behilflich war.

Für Laura Ashley wurde es immer wichtiger, zu ihren Wurzeln auf dem Lande zurückzukehren. Schließlich verließ die Familie London und zog in ein idyllisches Landhaus in Surrey. In dieser friedlichen Atmosphäre – während Laura Ashley eifrig Musterbücher aus dem 18. und 19. Jahrhundert studierte, Stoffflicken aus alten Patchworkdecken herausschnitt und Keramik- und Porzellandekor kopierte – entwickelte sich ganz allmählich der Laura-Ashley-Stil. Inzwischen hatte man in einer alten Wagenremise, die nur wenige Kilometer vom Wohnhaus entfernt war, die Fabrikation untergebracht. Dort hatte man genügend Platz für größere Maschinen und das Warenlager. Die Auftragslage war gut, auch ausländische Kunden interessierten sich für die Kollektion, aber das Kapital war noch immer knapp.

1957 wurde die Firma von einer Katastrophe betroffen: Ein nahegelegener Fluß trat über die Ufer und setzte das Fabrikgebäude unter Wasser. Die Elektromotoren gingen kaputt, die Stoffe waren ruiniert, und das Flußwasser färbte sich zartrosa und lavendelfarben. Es war ein Prüfstein für das Unternehmen, aber gleichzeitig eine Gelegenheit, notwendige Veränderungen vorzunehmen und so eine neue Entwicklung einzuleiten. Für Laura Ashley bot sich gleichzeitig die Möglichkeit, zu ihren Wurzeln zurückzukehren, zu den Hügeln von Wales. Doch zuerst mußte eine Entscheidung getroffen werden: Was ist wichtiger, Fabrik oder Haus? Die Ashleys entschlossen sich, eine Weile im Zelt zu leben, bis sie ein altes, geräumiges Haus in Machynlleth, Montgomeryshire, mieten konnten. Inzwischen wurde die Fabrikation in das nahegelegene Carno verlegt.

Die Beziehung zwischen Laura Ashley und ihrer Heimat Wales erwies sich als glücklich und stabil. Anfangs waren die Einwohner von Carno ein wenig mißtrauisch. »Die Waliser sind schon immer ein eigener Menschenschlag gewesen«, erinnert sich Sir Bernard, »und nun starrten sie über den Zaun und wunderten sich über diesen komischen Engländer mit seinen merkwürdigen Maschinen in dem alten Schuppen in Carno.« Aber sie blieben nicht lange außerhalb des Zaunes. Nach kurzer Zeit stellten die Ashleys zehn Leute ein, und der Umsatz stieg auf 1000 Pfund pro Woche. Die Produktionskosten und die allgemeinen Kosten waren niedrig im Vergleich zu dem hohen Qualitätsstandard der Produkte. In den sechziger Jahren wuchs die Palette der Produkte, und inzwischen hatte sich ein ganz bestimmter Laura-Ashley-Look entwickelt. Das Geschäft florierte, und der Umsatz stieg von Jahr zu Jahr.

1968 eröffneten die Ashleys ihr erstes Einzelhandelsgeschäft in der Pelham Street im Londoner Stadtteil South Kensington, weil sie es satt hatten, auf Kunden Rücksicht zu nehmen, die ihre Rechnungen nicht bezahlen wollten oder konnten. 1986 waren es schon zweihundert Geschäfte zwischen Paris und Tokio, Sidney und San Francisco. Bereits 1984 brachte das Anfangskapital von 100 Pfund einen Jahresumsatz von mehr als 100 Millionen Pfund.

Selbst als Laura Ashley schon zu den ganz großen der Branche gehörte, dachte sie noch immer in handwerklichen Kategorien. Ihre Produkte zeichneten sich stets durch gute handwerkliche Verarbeitung aus, wie sie in früheren Zeiten üblich war. Als die Fabrikation noch in einem Bauernhaus untergebracht war, wurden für den Stoffdruck Maschinen benutzt, wie sie etwa 100 Jahre zuvor üblich waren. Laura Ashley war immer offen für neue Anregungen, sie hatte ein waches Auge und einen sicheren Geschmack. Aber sie nahm nur das auf, was sich mit ihrem Stil verschmelzen ließ. Ihr Leitgedanke war stets »das Heim für die Familie«.

Die Waliser Landschaft mit ihren sanften Hügeln und grünen Tälern hat das Leben und die Arbeit von Laura Ashley stark beeinflußt und bestimmt noch heute die Philosophie der Firma Laura Ashley.

Hauptquelle für Laura Ashleys Inspirationen waren die Baumwoll-Kleiderstoffe des 18. und 19. Jahrhunderts. Hier fand sie eine Fülle von Mustern mit Blütenranken im Stil der teuren gewebten Seidenstoffe aus der gleichen Zeit. Es waren einfarbige Drucke auf gepunktetem oder gestreiftem Untergrund. Solche und ähnliche Druckmuster auf einfachem Baumwollstoff wurden für die ersten Laura-Ashley-Kleider verwendet und blieben jahrelang ein charakteristisches Merkmal der Kleiderkollektion.

Für die Möbelstoffe, die nun erstmals in die Kollektion aufgenommen wurden, verwendete Laura Ashley bewußt naive rustikale Drucke; sie nahm Stoffe aus Naturfasern und bedruckte sie mit traditionellen Motiven in lebhaften Farben. Auch diese Druckstoffe blieben lange Zeit Bestandteil der Kollektionen. Erst 1983 wurde ein schwerer Baumwollstoff eingeführt, der sich auch für das

Wohnzimmer eignete. Laura Ashley, so wurde in der Presse angekündigt, ist »nach unten« gezogen, was heißen sollte, daß viele der neuen Druckstoffe und Farben sich nicht nur für das Schlafzimmer und das Badezimmer eigneten, für die man sie meist verwendete, sondern auch für die repräsentativen Räume des Hauses, das Speisezimmer und die Halle. Für diese neuen Stoffe entwickelte ½ Laura Ashley Druckmuster, die edlerer Abstammung waren als ihre früheren Stoffe. Muster wie *Florentina, White Bower, Mister Jones* und *Antoinette* stammten aus florentinischen Palästen, von lyonesischen Seidendrucken des 18. Jahrhunderts und aus dem Musterbuch von Owen Jones, einem englischen Architekten und Entwerfer der viktorianischen Epoche. In ihnen spiegelte sich Laura Ashleys ständig wachsende Vorliebe für die Vergangenheit und ihre immer intensivere Beschäftigung mit Landhaus-Kollektionen und Museums-Archiven. Auch die Farbe spielte eine wichtige Rolle im Laura-Ashley-Stil. Von Anfang an war Laura Ashley bestrebt, farblich harmonische Interieurs zu schaffen und Drucke, Bezugsstoffe und Tapeten aufeinander abzustimmen. Jene ersten einfachen Muster, die auf einen Grund in lebhafter Farbe gedruckt wurden, sind häufig auch in umgekehrter Grund/Muster-Anordnung produziert worden, so daß die beiden Varianten wie Positiv und Negativ eines Musters wirkten. Als die Kollektionen größer wurden, hat man die Farben nicht so gewählt, daß sie genau übereinstimmen, sondern daß sie miteinander harmonieren. So konnte man Interieurs von zeitloser Schönheit zusammenstellen, die so aussahen, als seien sie schon immer so gewesen. Es ist der gleiche Stil, der in England als »English undress« bekannt ist und den der englische Innenarchitekt und Autor John Fowler in »bescheidene Eleganz« umgetauft hat. Er ist ein typisches Element des englischen Wohnstils, und seine Wurzeln liegen, wie bei Laura Ashleys Stil, in der Vergangenheit. Schon um 1670 ist er zum erstenmal aufgetaucht.

Trotz der Orientierung an der Vergangenheit ist die Laura-Ashley-Kollektion kein Schaukasten für historische Stile – auch wenn die Entwürfe und ihre Verwirklichung das Resultat peinlich genauer Recherchen sind. Dennoch hat eine wissenschaftlich orientierte Vergangenheitsforschung Laura Ashley nie interessiert. Sie und ihre Designer wollten nur die Voraussetzungen schaffen für ihre Arbeit, das Ausgangsmaterial, mit dem man Träume verwirklichen und Dinge schaffen kann, die Wärme, »bescheidene Eleganz« und Charme in das Durchschnittsheim bringen. Schon zu lange dominierte hier der jeweilige Trend des »Kaufhaus-Modernismus«, wie Richard Hoggart es nannte, »nur minderwertige Furniere und aufgesprühte Politur . . ., kalte, häßliche Plastiktürgriffe; funktionslose, überdekorierte Wandleuchter; Metalltische, die alles andere als einladend wirken und deren grelle Farbschicht abstoßend und zerkratzt ist; alles billiger Tand«.

Laura Ashley hat diesem »Fortschrittskult« der Wegwerfgesellschaft entgegengearbeitet und hat eine ganze Generation gelehrt, hübsche Dinge zu schätzen. Was auf ihrem Küchentisch in Pimlico begann, entwickelte sich zu einer der folgenreichsten Revolutionen des modernen Designs.

Rustikaler Stil

Rückblick

In der viktorianischen Epoche liebten es Maler wie Myles Birket Foster und Henry Sylvester Stannard, hübsche Gemälde zu malen, die die ländlichen Gegenden Englands in ungekannter Schönheit und mit sentimentaler Rustizität zeigten. Dieses Bild mit dem Titel ›Sailing the Boat‹ ist von Stannard und stellt ein idealisiertes Cottage mit Strohdach dar, mit ein paar zahmen Tauben, einem Garten mit Malven und Margeriten, der von Blumen überquillt und einem still vor sich hinqualmenden Schornstein, der Wärme und Behaglichkeit suggeriert.

Das strohgedeckte Landhaus, von duftenden Kletterrosen umrankt, ist eine Idealvorstellung, die den englischen Wohnstil in den letzten zwei Jahrhunderten mitgeprägt hat. Es ist ein Stil, der Ruhe, Einfachheit und Dauerhaftigkeit ausstrahlt. Alles ist aus natürlichen Materialien – Holz, Stein oder brünierten Metallen wie Messing oder Zinn. Die Küche mit ihrem offenen Kamin ist der Mittelpunkt des Hauses; florale und Karomuster schmücken Wände und Fenster.

Während der letzten zwanzig Jahre hat die Anziehungskraft des Cottage erheblich zugenommen. Aber wie steht es mit der Ausstattung des traditionellen Cottage, und wie hat sich alles im Laufe von Jahrhunderten entwickelt – die Räume, deren Charakter und Atmosphäre durch den mit Schablonen aufgemalten Dekor der Wände geprägt wurde, die bunten, handbemalten Möbel und die blank polierten Fliesenböden? Die traditionelle rustikale Ausstattung war eine spontane Mischung aus Notwendigkeit, Wirtschaftlichkeit und malerischen Elementen. Der rustikale Stil entwickelte sich aus einer Vielfalt von Einflüssen – dem mittelalterlichen Cottage der Landarbeiter, den Interieurs von William Morris, den launigen »cottages ornées« des georgianischen England, und der Wiederbelebung der handwerklichen Traditionen in Europa und Amerika. Es ist ein Ausstattungsstil, der weder zeit- noch ortsgebunden ist; er eignet sich für das einfachste Cottage genauso gut wie für die moderne Stadtwohnung. □

Das einfache Leben hat immer große Anziehungskraft gehabt: Thoreau hat es in einer einsamen Holzhütte in den Wäldern von Massachusetts ausprobiert, und das Theater hat uns gezeigt, wie es die französische Aristokratie verstand, nämlich wie immer – im großen Stil. Doch den stärksten Rückhalt hatte das Ideal der ländlichen Idylle im sentimentalen Klima des viktorianischen England. Heute ist diese Vision vom rustikalen Leben für Tausende von berufstätigen Städtern zumindest eine Wochenendrealität geworden; sie können die Idylle der Vergangenheit mit den Segnungen der modernen Zivilisation verbinden.

Die Wirklichkeit des einfachen Landlebens

In seinem Lexikon von 1755 definiert Dr. Johnson das »cottage« nicht als zauberhaftes ländliches Refugium, sondern als »Hütte oder armselige Behausung«. Wie sah dieses Cottage in Wirklichkeit aus? Gehen wir zurück zu seinen Ursprüngen.

Zur Zeit der Sachsen schliefen und aßen die meisten Landarbeiter in der Great Hall des Herrenhauses, zu dem sie gehörten. Erst nach der normannischen Invasion begannen die Leibeigenen, ihre eigenen primitiven, fensterlosen Holzhütten zu bauen. Sie hatten nur einen Raum und waren mit Reisig, Heide oder Stroh gedeckt. Im 14. Jahrhundert begannen die Landarbeiter mit einem Bautyp zu experimentieren, der in viel kleinerem Maßstab die Great Hall des Herrenhauses nachahmte. Auf einem Steinfundament entstand ein strohgedeckter Fachwerkbau; die Füllung der Gefache bestand aus getrocknetem Lehm über

Darstellungen von Szenen aus dem englischen Alltagsleben kamen zu Beginn des 19. Jahrhunderts in Mode. Die viktorianische Darstellung des ländlichen Lebens war zwar weit von der Wirklichkeit entfernt, wie man auf dem Gemälde ›May Day‹ von S. Hayllar sehen kann, sie gibt aber dennoch wertvolle Hinweise auf Einzelheiten des rustikalen Einrichtungsstils. Bemerkenswert sind hier die Stühle mit Binsensitzen, der geflieste Fußboden, der bemalte Geschirrschrank und der reiche Dekor der Teller, Krüge, Kannen und der einfachen Kerzenleuchter. Auch die Bienenkörbe sind Anspielungen auf ländliche Aktivitäten.

einem Flechtwerk aus Zweigen von Haselnuß- und Schwarzdornsträuchern, was in England häufig als »whattle and daub« bezeichnet wird. Durch die Fensteröffnungen, die mit Weidengeflecht oder Tierhäuten verschlossen wurden, drang das Tageslicht nur spärlich in den Raum.

Ursprünglich bestand das Cottage aus einem großen Raum; die Schlafkammern waren entweder über oder neben diesem allgemeinen Wohnraum. Der Mittelpunkt des häuslichen Lebens war der Herd mit offenem Feuer, das das ganze Jahr über brannte. Der beste Platz war der am Feuer; er gebührte den Älteren oder den Gästen. Das Essen wurde in einem großen Kessel gekocht, der über dem Herd hing, und das Brot wurde in einem Backofen gebacken, der in die Wand des Herdes eingemauert war. Die sanitären Anlagen beschränkten sich auf eine Grube im Freien. Das Strohdach war die Norm, was die ohnehin recht windige Konstruktion außerordentlich anfällig für Brände machte. Die Lebensbedingungen waren nach wie vor trostlos; die einzigen Möbel waren gewöhnlich ein Brett, auf zwei Böcken, das als Tisch diente und dazu allenfalls ein paar Hocker. Das Material der Möbel war gewöhnlich Eiche; sie war haltbar und widerstandsfähig, was bei dem rauhen englischen Klima besonders wichtig war.

Dieser Cottage-Typ war die Grundform, aus der sich in den folgenden 500 Jahren das Wohnhaus der englischen Landbevölkerung entwickelte. Im Laufe der Zeit ergaben sich jedoch einige Änderungen. Im 16. Jahrhundert kamen die ersten Glasfenster auf. Es waren winzige Scheiben, die aus plattgedrückten Kugeln von geschmolzenem Glas geformt wurden. Sie ließen allerdings nicht viel mehr Licht durch als das Rohrgeflecht oder die Tierhäute. Seit dem späten 16. Jahrhundert wurde dem Bau zuweilen ein oberes Stockwerk mit Schlafräumen hinzugefügt. Sie wurden jedoch häufig nicht zum Schlafen genutzt, sondern als Werkstatt für gewerbliche Arbeiten, mit denen die Bewohner ihr bescheidenes Einkommen aus der Landwirtschaft aufbesserten. Um die gleiche Zeit wurden die Cottages mit Schornsteinen versehen, was die Gefahr von Bränden erheblich minderte. Im allgemeinen kann man sagen, daß Neuerungen vor allem der Verbesserung der Lebensbedingungen im Innern des Hauses dienten. An der äußeren Erscheinungsform änderte sich wenig.

Die Royal Lodge im Großen Park von Windsor, 1813 von John Nash für den Prinzregenten erbaut, ist der Höhepunkt der pittoresken englischen »cottage ornée«-Mode des frühen 19. Jahrhunderts. Dieser Cottage-Stil wurde auch von Hope, Wyatville, Soane und Repton vertreten. Mit den völlig unmotivierten »gotischen« Details, den Gesellschaftsräumen für offizielle Empfänge, den Dächern, die nur wegen der malerischen Wirkung und nicht aus Notwendigkeit strohgedeckt waren, den perfekt gepflegten Rasenflächen und den Blumengärten hat Nash sich hier sehr weit von der Wirklichkeit der Landarbeiter-Cottages entfernt, der Quelle seiner Inspiration.

Besonders komfortable Cottages waren mit Holzregalen ausgestattet, auf denen ein Bettwärmer, Trinkgefäße, Platten aus Zinn oder Holz, eiserne Kochtöpfe und ein paar Kerzenleuchter aufgestellt waren. Die einzige Dekoration waren ein paar Fetzen Papier, mit floralen Motiven bedruckt, die als Tapete dienten. Diese Art der Wanddekoration war im 15. Jahrhundert gebräuchlich.

Im schlimmsten Fall sah das Alltagsleben solcher Landarbeiterfamilien so aus: Zwölf Personen oder mehr lebten zusammengepfercht in einer elenden Hütte aus Lehm und Stroh; durch das Dach tropfte das Regenwasser, und durch die aus Holzbrettern zusammengefügte Tür pfiff der Wind. Man war hilflos der Kälte, dem Hunger und der Krankheit ausgeliefert.

Die Idylle des einfachen Landlebens

Im 18. Jahrhundert begann die englische Oberschicht Gefallen am einfachen Landleben zu finden und das Cottage und die »Freuden« des ländlichen Lebens romantisch zu verklären. In der Literatur hatte die Verherrlichung es einfachen ländlichen Lebens eine lange Tradition. Der Garten Eden war die erste pastorale Idylle; und die Schriftsteller der Antike, wie Theokrit und Vergil, die in der Renaissance viele Nachahmer fanden, entwarfen reizvolle Bilder von Schäfern, die in der Natur ein unschuldiges Leben in Glück und immerwährendem Frieden führten. Der Gegensatz zwischen dem höfischen Leben und dem Landleben wurde zum beliebten literarischen Thema. Shakespeare behandelte ihn in seinen Stücken »Wie es euch gefällt« und »Das Wintermärchen«. Auch in der Poesie des 17. und 18. Jahrhunderts spielte er eine wichtige Rolle.

Eines der ersten Beispiele der englischen »cottages ornées« aus dem frühen 19. Jahrhundert ist die Molkerei von Hamels Park, Hertfordshire, ein englisches Pendant zu dem petit hameau von Marie Antoinette. Das Gebäude wurde 1781 von Sir John Soane erbaut, existiert aber leider nicht mehr. Der Stil ist unverkennbar klassizistisch, aber das strohgedeckte Dach, die beiden Runderker und die mit Eisengittern versehenen Fenster sind Elemente der traditionellen, rustikalen Bauweise.

In der gebildeten englischen Oberschicht war man der überschwenglichen Goldschnörkel des Barock überdrüssig und begann, sich dem Natürlichen zuzuwenden. Die großen Grundbesitzer wie Henry Hoare in Stourhead, Wiltshire, ließen sich durch die gemalten arkadischen Visionen von Salvator Rosa und Claude Lorrain anregen; sie verwandelten ihre Parks durch gewundene Pfade, künstliche Seen, Tempel, antike Vasen und Statuen in ein Abbild des goldenen Zeitalters. Für »Capability« Brown, einen berühmten Landschaftsgärtner des 18. Jahrhunderts, lag die Schönheit in den sanftgewellten Hebungen und Senkungen der Naturlandschaft, die er in den künstlich angelegten Ideallandschaften durch sanft abfallende grüne Rasenflächen, große Seen und sorgfältig geplante Baumgruppierungen neu erschuf. Diese Landschaftsparks mögen zwar natürlich ausgesehen haben, aber in Wirklichkeit waren sie durch und durch artifiziell und sehr teuer. Das gleiche gilt für die rustikalen Cottages, die meist unbewohnbaren kleinen Landhäuser, die zusammen mit den Grotten und den anderen Torheiten der pittoresken Bewegung aufkamen. Das Wichtigste an dem pittoresken »gotischen« Landhaus, das zu Alfred's Hall, Cirencester, gehörte, das der Dichter Alexander Pope 1721 erbauen ließ, war sein seltsam antiquarisches Aussehen. Seine Nützlichkeit und Bewohnbarkeit waren weniger wichtig. Marie Antoinette trieb diese Naturschwärmerei noch weiter; auf dem Gelände von Versailles ließ sie ihr »petit hameau«, ein kleines Dorf mit strohgedeckten Bauernhäusern und einer Mühle anlegen.
Die Tapeten im Innern der Bauernhäuser waren mit Federnelken, Veilchen und anderen wildblühenden Blumen geschmückt. Die aufgemalten Mauerrisse soll-

Dieses frühviktorianische Genrebild von Frederick Daniel Hardy mit dem Titel ›The Foreign Guest‹ fällt auf durch seine naturgetreue Wiedergabe der Einrichtung eines Landarbeiter-Cottage, die voller interessanter Details ist. Das wichtigste Element des Raumes ist der große, einfache Kamin mit dem Stoffbehang und dem Sims, auf dem eine Ansammlung von Schätzen und Haushaltsgegenständen ausgebreitet ist. Vor dem Kamin steht ein Stuhl mit Binsensitz neben einem einfachen Eichentisch, der mit einer weißen Tischdecke bedeckt ist. Die Fenster haben keine Vorhänge, nur der Babykorb ist komfortabel mit einem bunten Patchwork-Quilt bedeckt. Der fremde Gast bringt eine bemalte Truhe mit – ebenfalls ein charakteristisches Element rustikaler Einrichtungen.

ten die Illusion von wind- und wettergegerbten Häusern perfekt machen. Hier spielte Marie Antoinette gern die Schäferin – mit vergoldetem Hirtenstab – oder das Milchmädchen – mit einem Eimer aus solidem Silber. Ihre Staatsgemächer im Schloß konnte sie von dort aus immerhin noch bequem erreichen.

Seinen Höhepunkt erreichte der Kult des Pittoresken erst im 19. Jahrhundert mit dem Cottage orneé. Das berühmteste Beispiel war zweifellos die Royal Lodge im Großen Park von Windsor, die John Nash 1813 für den Prinzregenten schuf. Die Royal Lodge war stilbildend für den englischen Landhausstil, der keineswegs der Aristokratie vorbehalten blieb. Wenn Jane Austen eine der Personen in ihrem Stück *Sense and Sensibility* sagen läßt: »Ich liebe diese Cottages über alles, sie sind so komfortabel und so elegant«, dann waren damit bestimmt nicht die echten Cottages, diese »armseligen Behausungen« gemeint, sondern die dekorativen Landhäuser, die in den Vororten der großen Städte und auf dem Lande aus dem Boden schossen. Diese Landhäuser in asymmetrischer Bauweise mit »gotischen« Stilelementen und bleiverglasten Fenstern galten in der Regency-Epoche als äußerst schick. Die Größe spielte dabei keine Rolle: einige waren so klein wie ein echtes Cottage, andere so groß wie ein Haus mittlerer Größe mit fünfzehn Zimmern. Endsleigh in Devon, das 1810 von Sir Jeffry Wyatville erbaut wurde, gehört zu diesen phantasiereichen Bauten, die man sich in anspruchsvolleren bürgerlichen Kreisen errichten ließ. Passend zu diesem Landhausstil entwickelten sich eine spezielle Mode und ein entsprechender Einrichtungsstil. Es war modisch durchaus korrekt, wenn der Gentleman sein Reitjackett in der Stadt trug – auch wenn es mit seiner Reitkunst nicht so sehr weit her war. Man ließ sich sogar auf rustikalen Stühlen porträtieren, von denen man die ausgeblichenen baumwollenen Schonbezüge nicht entfernt hatte. Gleichzeitig entwickelte sich auf dem europäischen Kontinent ein ähnlicher Geschmack für das Einfache, wenn auch die Gründe dafür nicht die gleichen waren wie in England. Nach Napoleons Niederlage von 1814 und nach dem Chaos, das ein 24 Jahre lang andauernder Krieg angerichtet hatte, war Einfachheit in der Ausstattung für viele der verarmten Familien in Europa aus wirtschaftlichen Gründen notwendig geworden. In Österreich und Deutschland benannte man den Stil, der sich aus dieser Notwendigkeit ergab, nach einem fiktiven Journalisten und »arbiter elegantiarum«, Biedermeier. Charakteristisch für diesen Stil waren seine praktischen, schlichten, aber dennoch elegant wirkenden Formen und sein zurückhaltender Dekor. Es war ein Stil, den alle Schichten der Gesellschaft akzeptierten, und der die Unterschiede zwischen einem wohlhabenden und einem armen Haus verwischte.

Die Ironie des Schicksals wollte es, daß dieser gekünstelt-rustikale Landhausstil sich zu einer Zeit entwickelte, als es mit der Bautätigkeit der echten Landbewohner bergab ging. Damals wurden auf Initiative der Großgrundbesitzer neue Wohnsiedlungen für Landarbeiter gebaut, wobei die Motive für den Bau dieser »Modelldörfer« nicht ganz so philanthropisch waren wie es zunächst scheinen mag.

In der ersten Hälfte des 18. Jahrhunderts wurden diese neuen Wohnsiedlungen vor allem deshalb gebaut, um die häßlichen Cottages der Pächter, die so willkürlich über die malerisch gestalteten Landschaftsparks verstreut waren, beseitigen zu können. Zu den ersten, die solche Siedlungen bauen ließen, gehörten Lord Orford in Chippenham (1702) und Sir Robert Walpole, der 1724 in New Houghton zweistöckige Arbeiterhäuser aus roten Backsteinen errichten ließ. Sir William Chambers ließ 1773 das Projekt Milton Abbas in Dorset errichten, das der Gartenarchitekt »Capability« Brown später durch strohgedeckte Dächer ergänzte. Sogar der berühmte Landhausarchitekt Robert Adam beschäftigte sich mit dem Bau solcher »Modell«-Dörfer: 1770 erbaute er Lowther in Cumbria. 1794 forderte Sir Uvedale Price die Grundbesitzer auf, mehr Modelldörfer zur »Freude des Bauherrn« und aus »Begeisterung für die Sache« erbauen zu lassen. Und tatsächlich wurden diese neuen Dörfer in erster Linie als reizvolle Ergänzungen der Landschaft betrachtet. Sie waren mehr oder weniger akademische Spielereien, ähnlich wie die antiken Tempel und die künstlichen Ruinen, mit denen die vorangegangene Generation ihre Parks gefüllt hatte. Es gab allerdings auch Siedlungen, die die Bewohner wirtschaftlich nutzen konnten, wie Harewood in West Yorkshire. Hier wurden die Cottages und die dreistöckigen Häuser so konzipiert, daß man darin Werkstätten für die Herstellung von Bändern einrichten konnte. Im frühen 19. Jahrhundert wurden zahlreiche Vorlagenbücher veröffentlicht, die den Großgrundbesitzern das Planen ihrer Projekte erleichtern sollten. Sorge und Mitgefühl für die Landarbeiter, die meist unter elenden Bedingungen leben mußten, rangierten an zweiter Stelle. Das sah man daran, daß das Innere dieser Häuser nicht viel anders aussah als das ihrer ursprünglichen Behausungen. In Milton Abbey wohnten in jedem Cottage durchschnittlich vier Familien, so daß oft vierzig Menschen in einem Haus mit vier Räumen leben mußten. Durch den Hauseingang kam man direkt ins Wohnzimmer, das aber nur als »gute Stube« benutzt wurde. Die Ausstattung bestand bestenfalls aus einem Küchenschrank, in dem etwas Geschirr stand, einem Kaminsims, der mit groben Schmuckelementen aus Ton verkleidet war und einem einfachen Flickenteppich. An der Wand hingen häufig gerahmte Sprichwörter und Bibelsprüche, zum Teil als Stickereien. An der Rückwand des Hauses befand sich der Raum, in dem man sich an Werktagen aufhielt. Er war mit einem großen gußeisernen Herd und einem steinernen Ausgußbecken ausgestattet. Erst seit Mitte des 19. Jahrhunderts versuchte man, die Lebensbedingungen der Bewohner zu verbessern, so daß der Komfort im Innern und die malerische Außenfront nicht mehr in einem so drastischen Mißverhältnis standen. Einen Schritt weiter in Richtung Verbesserung ging man in Old Warden, Bedfordshire, das 1850 erbaut wurde. Hier wurden die Häuser nicht nur mit Sensibilität der Landschaft angepaßt, sie sind auch geräumig, freundlich und hell; die Strohdächer sind vor guter Qualität, und an Spalieren ranken sich Kletterpflanzen empor.

Im Laufe des 19. Jahrhunderts wurde man sich mehr und mehr bewußt, daß man das Gesicht von Merry Old England zerstört hatte. Als Folge der industriellen Revolution waren Textilwerke und andere Fabriken gebaut worden. Gemeindeland war in produktives Ackerland umgewandelt worden, und Landschaftsgestalter, die die Landschaft angeblich verbessern wollten, hatten das Ihrige beigetragen. Als man den Schaden erkannt hatte, reagierte die Öffentlichkeit mit erhöhter Sensibilität und forderte die Konservierung der Überreste der vertanen Vergangenheit. »Wir neigen dazu, den Untergang von Orten zu beklagen, die wir nie gesehen haben oder von denen wir nichts wissen«, schrieb der Kunsthistoriker John Pope-Hennessy. In der gleichen Richtung wirkte die Mittelalter-Schwärmerei der viktorianischen Zeit; man sah das Mittelalter durch den Schleier der Verklärung als die Zeit der Ritter, der Gefühle und der romantischen Liebe. Das »Merry England« mit rosenumrankten Landhäusern auf dem grünen Dorfanger, das Romantiker zu erhalten oder wieder zu beleben versuchten, hat niemals wirklich existiert – aber was macht das? Schließlich haben solche Träume und Phantasien die Entwicklung des Geschmacks und des englischen Einrichtungsstils positiv beeinflußt.

Die Wände der Cottages schmückten im allgemeinen nur wenig Bilder. Mit Sicherheit gehörte zu diesen wenigen eine Stickprobe. Dieses ziemlich häßliche Exemplar war wahrscheinlich der erste und letzte Versuch eines jungen Mädchens vom Lande, die – wie viele andere ihrer Generation – das traurige Los hatte, jung sterben zu müssen. In dieser Stickerei zeigt sich die fast ausschließliche Besetzung der Phantasie mit religiösen und ländlichen Vorstellungen. Zwei religiöse Texte, die typisch für das 19. Jahrhundert waren, sind umgeben von Vögeln, Schmetterlingen, Blumen und Bäumen in der ganzen farbigen Vielfalt der Natur.

Zu den wichtigsten Persönlichkeiten, die die Reformierung des Einrichtungsstils einleiteten, gehörten der walisische Architekt Owen Jones (1809–1874) und der Philanthrop Henry Cole (1808–1882). Beide widmeten sich den »wahren Prinzipien«, des Entwurfs, wie A. W. N. Pugin, der große Architekt und Philosoph der viktorianischen Gotik, es bezeichnete. Die Krönung von Coles Laufbahn war seine Ernennung zum Direktor des Victoria and Albert Museums in South Kensington. Es war das erste Museum der Welt für Kunstgewerbe und Kunsthandwerk und verdankt sein Entstehen dem großen Erfolg der Londoner Weltausstellung von 1851, die Cole organisiert hatte. 1847 gründete er mit einigen gleichgesinnten Künstlern die Firma »Summerly's Art Manufactures«. Sie wollten den »guten alten Brauch wieder erstehen lassen und die vertrauten Objekte des täglichen Gebrauchs wieder mit dem Besten, was die Kunst zu bieten hat, in Verbindung bringen ... um jeden Gegenstand mit angemessenen Motiven zu dekorieren ... und diese Motive so direkt wie möglich aus der Naturanschauung zu gewinnen«. 1856 veröffentlichte Owen Jones sein vielbeachtetes Buch *The Grammar of Ornament.* Er betonte darin den Wert einer materialgerechten Verarbeitung und die Vorzüge hochwertiger handwerklicher Arbeit. In bezug auf die »wahren Prinzipien« waren Cole und Jones der Meinung, daß es vollkommen in Ordnung sei, für die Dekoration eines Interieurs die verschiedensten Quellen heranzuziehen, wie es die Landbevölkerung schon seit Hunderten von Jahren bei der Ausgestaltung ihrer Häuser praktiziert hat. Die Ideen von Pugin, Cole und Jones und die Arbeiten der Künstler, die für »Summerly's« arbeiteten, erlangten durch die Weltausstellung große Publizität und trugen schließlich dazu bei, daß der bodenständige englische Stil bei der Ober- und Mittelschicht zunehmend Anklang fand. Und als in den sechziger Jahren des 19. Jahrhunderts die Schriften eines jüngeren Mannes erschienen, kristallisierte sich aus den verschiedenen Elementen des rustikalen Stils eine stimmige Entwurfsphilosophie heraus, die in bezug auf die Innenausstattung eine entscheidende und dauerhafte Wirkung auf den Publikumsgeschmack ausüben sollte. Dieser Mann war William Morris.

Das Schaffen von William Morris konzentrierte sich vor allem auf den Entwurf von Stoff- und Tapetenmustern. Das Muster ›Jasmine Trellis‹ mit den sorgfältig gezeichneten Jasminblüten, die sich um ein Spalier aus Rohr ranken, ist ein typisches Beispiel für Muster, die in der zweiten Hälfte des 19. Jahrhunderts in der Publikumsgunst standen.

William Morris

Cole und Jones hatten versucht, künstlerische Entwürfe für die Massenproduktion anwendbar zu machen. In diesem Punkt war Morris anderer Meinung. Sein ausdrückliches Ziel war es, das traditionelle Handwerk und seine manuelle Arbeitsweise neu zu beleben, weil seiner Meinung nach für die moderne Industriegesellschaft die Gefahr besteht, daß die Maschine und die Massenproduktion den natürlichen Lebenszweck des Menschen zerstören.

Als junger Mann war Morris (1834–1896) eine der führenden Persönlichkeiten der Präraffaelitischen Bruderschaft, einer Vereinigung englischer Künstler, zu der Holman Hunt, John Millais, die Brüder Rossetti und Edward Burne-Jones gehörten. Ziel der Bruderschaft war, wie es Burne-Jones in den fünfziger Jahren des 19. Jahrhunderts formulierte, »die Natur sehr aufmerksam zu studieren, um von ihr zu lernen und wahre Ideen im Kunstwerk auszudrücken«. Angeregt und in ihren Ideen unterstützt wurden Morris und Burne-Jones durch den Kunstkritiker John Ruskin, dessen Gedanken das viktorianische Denken stark beeinflußten. Wie Morris beklagte auch Ruskin die Auswirkungen der Industrialisierung und die Auswüchse des »verlogenen« Dekors. »Geh zur Natur mit aller

1861 gründete William Morris die Firma Morris, Marshall, Faulkner & Co., um Möbel und Einrichtungsgegenstände in einem sehr bodenständigen englischen Stil herzustellen. Zusammen mit dem Architekten Philip Webb schuf Morris Möbeltypen, die einen nachhaltigen Einfluß auf das englische, europäische und amerikanische Design hatten. Dieses Aquarell zeigt das Speisezimmer von Burne-Jones in seinem Londoner Heim. Es wurde von seinem Mitarbeiter T. M. Rooke gemalt und zeigt ganz deutlich die charakteristischen Merkmale des »Arts-and-Crafts«-Stils. Als Holz wurde hauptsächlich Eiche verwendet, entweder bemalt oder glatt ohne Intarsien. Als Motive dienten Muster und Szenen aus der britischen Volkskunst. Die Möbel waren einfach, sie hatten häufig gedrechselte Details und auswärts gespreizte Beine, so daß sie sich gut von den floral gemusterten Tapeten abhoben. Die einfachen Stühle hatten traditionelle Binsensitze. Die Bemalung des Sideboards und der Entwurf für die Buntglasfenster stammen von Burne-Jones, der Entwurf für den Speisezimmertisch von Philip Webb.

Einfalt des Herzens, wähle nicht aus und verwirf nichts«, predigte er in seinem Buch *Modern Painters* von 1846. Zu Ruskins Theorie gehörte auch die Forderung, daß jede Arbeit bis in die Einzelheiten sorgfältig ausgeführt werden soll und einen moralischen Sinngehalt haben muß. Die Präraffaeliten und ihre Anhänger drückten diese Ideen in einer stark farbigen, komplex kleinteiligen Malerei aus, in der Menschen vom Lande als »natürliche« Menschen in einer idealisierten Umgebung dargestellt wurden. 1861, nach fünfjähriger Zusammenarbeit mit den Präraffaeliten, entschloß sich Morris, die Ideen dieser Gruppe und auch Ruskins Vorstellungen in die Tat umzusetzen. Er gründete die Firma *Morris, Marshall, Faulkner und Co.*, um Möbel, Textilien, Gläser, Keramik- und Metallwaren in einem sehr bodenständigen englischen Stil herzustellen. Als Dekor verwendete er vorwiegend Vogel-, Blüten-, Früchte- und Blattmotive. Morris' Entwürfe fanden viel Anerkennung, doch es störte ihn, der gleichzeitig auch aktiver Sozialist war, daß es vorwiegend die Begüterten waren, die seine Entwürfe kauften und ihre Häuser damit einrichteten. »Was haben wir mit der Kunst zu schaffen, wenn wir nicht andere daran teilnehmen lassen können«, fragte er. Die Suche nach der Antwort beschäftigte ihn sein Leben lang und wirkte sich auch auf seine Arbeit aus. Das Wohnhaus von Morris in Bexleyheath vermittelt recht anschaulich seine Vorstellungen von Inneneinrichtung. Das *Red House*, wie es noch heute genannt wird, wurde 1859 von seinem Freund, dem Architekten Philip Webb, entworfen. Auf die Zeitgenossen wirkte es revolutionierend. Es war betont einfach und kompromißlos, eher ein Bauernhaus als das Wohnhaus eines Gentleman, das entweder im klassischen oder im gotischen Geschmack zu sein hatte. Für Webb und Morris war Wohnlichkeit wichtiger als Eleganz; das Haus sollte so ungekünstelt und so spontan wirken wie die typisch englischen Häuser in ländlichen Gegenden. Für die Wandverkleidungen wählte Morris Stoffe und Tapeten mit klaren, unkomplizierten Mustern nach eigenen Entwürfen, aus Protest gegen den muffigen Akademismus der hochviktorianischen Epoche. Wenn irgend möglich, verwendete er einheimische Rohstoffe, die schlicht und unaufdringlich wirkten. Als Metalle verwendete er Zinn und Messing, und für Stühle einheimische Hölzer, wie Eiche und Buche, in Kombination mit Schilf und Rohr. In der Form waren die Möbel von der Einfachheit traditioneller englischer Möbel; die Tischplatten ruhten auf Bockgestellen, und auch die hölzernen Sitzbänke und offenen Geschirrschränke waren von äußerster Schlichtheit. Gegen Ende seines Lebens schrieb Morris: »Ich habe versucht, Dinge herzustellen, die echt sein sollten ... wollene Stoffe sollten so wollig wie möglich sein, baumwollene so baumwollig wie möglich ... ich habe nur Farben verwendet, die natürlich und einfach sind, denn sie bringen Schönheit hervor beinahe ohne die Einwirkung von Kunst.«

Morris verkündete seine Lehre wie eine Glaubensbotschaft. Um sich herum sah er Armut, Slums, empörende Arbeitsbedingungen, Arbeiter auf engstem Raum zusammengepfercht, die Zerstörung der Landschaft und den Triumph einer materialistisch orientierten, kapitalistischen Gesellschaft, deren Fabriken mit möglichst niedrigen Herstellungskosten minderwertige, kurzlebige Güter ausstoßen, die zum höchstmöglichen Preis verkauft werden. »Menschen, die von so viel Häßlichkeit umgeben sind«, erklärte Morris, »können nichts Schönes hervorbringen.« Bis zu seinem Tod 1896 war er bemüht, seinen Traum von einem Land zu verwirklichen, in dem »die Einfachheit des Lebens Einfachheit des Geschmacks« bewirkt. »Du sollst nichts in Deinem Haus haben, was nicht schön ist« war der Kernpunkt seiner Ästhetik. Als er starb, hatte er das Gefühl gescheitert zu sein, aber sein Traum ist noch heute lebendig.

Walter Cranes Illustration für die Titelseite der Zeitschrift ›The House Beautiful‹, die 1896 zum ersten Mal in Amerika erschien. In dieser Ausgabe wurden Artikel von Morris, Voysey und Ashbee abgedruckt, die dazu beitrugen, Amerika mit der Arts-and-Crafts-Bewegung bekannt zu machen, wo Cranes Arbeiten bereits sehr geschätzt wurden. Crane, ein Mitstreiter von William Morris und Mitglied der Art Workers' Guild, entwarf ebenfalls Muster für Tapeten, Stoffe, Tapisserien, Teppiche und Keramikfliesen und war außerdem ein renommierter Buchillustrator.

Die »Arts-and-Crafts«-Bewegung

Die Ideen der »Arts-and-Crafts«-Bewegung gingen zum Teil auf Morris zurück, wurden aber entscheidend von Ruskin geprägt. Ruskin gründete 1872 die *Guild of St. George*, eine Art unpolitischer Gewerkschaft der Möbelschreiner und Kunsthandwerker, die den Modetrend angab. Ruskins Vereinigung wurde abgelöst von der *Century Guild*, die von A. H. Mackmurdo und Selwyn Image angeführt wurde. Die *Century Guild* trat für naturalistische Formen und florale Stoffmuster ein. Sie wurde abgelöst von der *Art Workers' Guild*, die 1884 von dem Architekten Norman Shaw, dem Entwerfer William Lethaby und dem

Künstler Walter Crane gegründet wurde. Ihr Ziel war es, »die Ausbildung in allen Sparten des Kunsthandwerks zu fördern ... und den hohen Qualitätsstandard von Entwurf und handwerklicher Verarbeitung zu pflegen«. 1888 schließlich wurde das *Combined Arts Committee* gegründet. Daraus ging die *Arts and Crafts Society* hervor, zu deren Mitgliedern C. R. Ashbee, Walter Crane und Ernest Gimson gehörten.

Quelle ihrer Inspiration war vor allem das Mittelalter. Wie sie fest und innig glaubten, war in dieser Zeit jeder Mensch in seinem Alltagsleben künstlerisch kreativ tätig, und jedes bescheidene Cottage war voller selbstgefertigter Artefakte, die nützlich waren und die man hegte und pflegte. Mit anderen Worten: Diese mittelalterlichen Produkte waren das genaue Gegenteil von dem Schnickschnack, den die Industrie in Massen produzierte und der in der viktorianischen Epoche jeden Vorstadtkamin zierte.

Die »Arts-and-Crafts«-Bewegung verlagerte ihren Schwerpunkt allmählich vom Smog der Metropole in die altmodischen Dörfer der Cotswolds. Ashbee ließ sich mit einer Gruppe von Männern aus dem Londoner East End in dem Dorf Chipping Campdon nieder. Er schuf vor allem Entwürfe für Metallarbeiten und Schmuck und bezog seine Ideen aus einer Phantasiewelt, die Züge des pittoresken Stils des 18. Jahrhunderts hatte. Ashley wollte seine Arbeiten aber keineswegs als *objets d'art* verstanden wissen, so sagte er jedenfalls. Hinter allem, was die Protagonisten der »Arts-and-Crafts«-Bewegung produzierten und dachten, stand die Hoffnung, daß man den Geschmack und den Lebensstil der unteren Klassen verbessern könne, indem man ihnen Zugang verschaffte zu den Dingen, die »nützlich und richtig sind, gefällig geformt, gut verarbeitet und gut genug, aber nicht zu gut für den täglichen Gebrauch«.

Die »Arts-and-Crafts«-Bewegung beeinflußte die bildende Kunst ebenso wie das Kunsthandwerk: Walter Crane, der, wie Ashbee, ein Schüler von Morris war, schuf Illustrationen für Kinderbücher, die das glückliche Leben auf dem Lande darstellten und zur Verbreitung des rustikalen Stils beitragen sollten: Für die Manufakturen William de Morgan, Wedgwood und Minton entwarf er Keramikdekor mit floralen und anderen pflanzlichen Mustern.

Auch Charles Annesley Voysey gehörte der »Arts-and-Crafts«-Bewegung an. Er war Innenarchitekt und gehörte zu den Verfechtern der Neugotik. Die Lehren von Morris übten großen Einfluß auf ihn aus und bewirkten eine Änderung seiner Stilrichtung. 1882 machte er sich selbständig und entwarf vor allem Textil- und Tapetenmuster. Zu seinen bekanntesten Entwürfen gehören die Muster *Bird and Tulip* und *Let us Prey* mit den üblichen Vogel- und Pflanzenmotiven. Bekannt wurde er hauptsächlich durch seine sehr individuellen und unverwechselbaren Möbelentwürfe. Seine Möbel, vorwiegend aus grauer Eiche, mit ihren schlanken, sich nach unten verjüngenden Schäften, auf dem der rechteckige Möbelkörper ruht, und den konvex geschwungenen Linien der horizontalen Elemente, besitzen ungewöhnliche Strenge und Anmut. Ernest Gimsons berühmter Stuhl mit dem Sitz aus Binsengeflecht von 1896, ein Meilenstein in der Geschichte des Möbelentwurfs, zeigt deutlich den Einfluß Voyseys.

Die »Arts-and-Crafts«-Bewegung beschränkte sich nicht allein auf England; in Skandinavien war es zu einer ähnlichen Entwicklung gekommen. Schon 1845 hatte eine erleuchtete schwedische Regierung vorausgesehen, welche Auswir-

Charles Annesley Voyseys Entwürfe für Stoffe und Tapeten mit den alles überwuchernden Vogel- und Blattmotiven können den Einfluß von William Morris nicht verleugnen. Dieser Entwurf für einen Leinendruck von 1893 zeigt Voyseys ausgezeichnete Begabung zur Stilisierung, die in den Entwürfen von William Morris nicht immer erkennbar ist.

RECHTS UND UNTEN: *Dieses Wiener Wohnzimmer aus den vierziger Jahren des 19. Jahrhunderts mit der floral gemusterten Tapete und den einfachen Baumwollvorhängen reflektiert die Vorliebe des frühen 19. Jahrhunderts für die ländliche Idylle, während Carl Larssons Aquarell, das ein schwedisches Interieur zeigt, auf eine ganz andere folkloristische Tradition verweist.*

kungen die Industrialisierung auf die starke handwerkliche Tradition Schwedens haben würde und hatte Schritte zu deren Schutz unternommen. Man gründete die *Swedish Society of Arts and Crafts;* sie sollte für eine enge Zusammenarbeit zwischen Kunst, Handwerk und Industrie sorgen und den Schweden ihre nationale Kultur bewußter machen. Um die Jahrhundertwende veröffentlichte der Maler Carl Larsson in seinem Buch *The House in the Sun* eine Serie von Aquarellen, die die Interieurs seines Landhauses im Herzen des landwirtschaftlichen Gebietes von Schweden darstellen. Die Ausstattung des Hauses war hell und einfach. Sie war ausschließlich aus einheimischen Materialien und stammte von schwedischen Handwerkern. Larssons Aquarelle waren in ganz Europa außerordentlich bekannt und beliebt.

Auch in Deutschland erschien um diese Zeit ein Buch über Innenausstattung, das eine neue Entwicklung in Gang brachte. Es war *Das englische Haus,* das Hermann Muthesius 1904 veröffentlichte. Es machte die Öffentlichkeit bekannt mit dem Stil der englischen »Arts-and-Crafts«-Bewegung und vor allem mit den kühnen rustikalen Entwürfen von William Morris. Dieses Buch und die Arbeiten einiger britischer Entwerfer, zu denen unter anderem M. H. Baillie Scott, MacLachlan und J. A. Campbell gehörten, die um diese Zeit in Deutschland tätig waren, hatten zu Anfang des Jahrhunderts großen Einfluß auf die Gestaltung deutscher Interieurs. Junge deutsche Architekten wie Paul Stosseck nahmen den rustikalen englischen Stil auf und interpretierten ihn mit viel Phantasie.

Auf der anderen Seite des Atlantiks entstanden einige Initiativen, die ihre Ideen den Anregungen der »Arts-and-Crafts«-Bewegung verdankten. Es waren vor allem der *Craftsman Style* von Gustav Stickley und die *Roycrofter-Bewegung* von Elbert Hubbard. In New York machte Stickley das Publikum durch die monatlich erscheinende Zeitschrift *The Craftsman* mit dem neuen Stil bekannt. In Aquarellen zeigte er die einfache rustikalisierte Ausstattung einiger »Arts-

Freihändig und mit Schablonen bemalte Möbel gehören zum traditionellen, rustikalen Einrichtungsstil Amerikas: Die frühen Siedler bemalten die Wände und Fußböden ihrer Holzhäuser mit Schablonenmotiven. Auch die Möbel wurden auf diese Art und Weise dekoriert; die Motive entstammten der jeweiligen ländlichen Umgebung.

1901 gab Gustav Stickley zum ersten Mal die Zeitschrift »The Craftsman« heraus, mit der er die Öffentlichkeit mit dem Dekorationsstil der »Arts-and-Crafts«-Bewegung bekannt machen wollte. Das Herstellen von Quilts war eine Kunst, die im 19. Jahrhundert in den ländlichen Gegenden Amerikas gepflegt wurde und die in den dörflichen Gemeinden zu geselligen Zusammenkünften Anlaß gab. Besonders wenn es sich um ein Hochzeitsquilt wie das farbenprächtige, unten abgebildete Exemplar aus Baltimore handelte.

and-Crafts«-Interieurs in »English Cottage«-Manier. Das Erscheinen des *Craftsman* wurde 1916 eingestellt; Hubbard war ein Jahr davor beim Untergang der »Lusitania« ertrunken. Dennoch haben Stickley und Hubbard den Anstoß dazu gegeben, daß die Amerikaner sich auf ihr vergessenes bäuerliches Erbe besannen.

Der rustikale Charme der Vororte

Auch außerhalb der »Arts-and-Crafts«-Bewegung mit ihren handgewebten Stoffen und ihren sozialistischen Neigungen gab es fortschrittliche Handwerker, Künstler und Architekten, die sich vom Sog des bodenständig Englischen und des Rustikalen mitreißen ließen. Aus dem »cottage-ornée«-Stil des Regency entwickelte sich der »Old English«-Stil, der vor allem von dem Architekten Norman Shaw vertreten wurde. 1868 entwarf er ein Haus in Leys Wood, Sussex, in dem er Elemente des 15., 16. und 17. Jahrhunderts verwendete und daraus ein geniales Konstrukt im »Old English«-Stil schuf. Die Räume waren unterschiedlich hoch, und das Speisezimmer hatte eine riesige Kaminecke. An der Außenseite des Hauses verwendete Shaw traditionelle Architekturelemente wie Fachwerk, »tilehanging« (Schmuckelement aus senkrecht an der Hauswand angebrachten Ziegeln in den oberen Stockwerken), Walmdach oder eine mit »pargetting« bezeichnete Verputztechnik am Giebel, und paßte sie seinen Vorstellungen an. Im Innern des Hauses weist die Vorliebe für ausgeblaßte, zerschlissene Stoffe und für »auf antik« getrimmte Möbel auf die Fortführung der ländlichen Tradition hin.

In Bedford Park, Chiswick, West London, wurde der »Old English«-Stil am konsequentesten durchgeführt. Hier schuf Shaw zusammen mit seinem Kollegen Jonathan Carr die »erste Gartenvorstadt«. Alle Häuser, die zu der Siedlung gehörten, waren im bodenständigen rustikalen Stil gebaut, und die Innenausstattungen stammten von *Morris & Co.* Bewußt wurde jede Symmetrie vermieden, so daß jedes Haus seinen ganz individuellen Charakter hatte. Sicherlich sollte damit an die »improvisiert« wirkende Bauweise der einstigen Cottages angeknüpft werden. Bedford Park wurde Vorbild für eine Anzahl weiterer Projekte, die bald darauf in den Mittelstandsgegenden englischer Vorstädte entstanden. Morris und seinen Anhängern ist es zwar nicht gelungen, den Geschmack der unteren Gesellschaftsschichten anzuheben, aber schließlich haben sie das kritische Sehen der Mittelständler erheblich verbessert. Da Ashbee für seine »Arts-and-Crafts«-Artikel weder in den Cotswolds noch in den Slums des Londoner East End Käufer fand, tat er sich mit dem Möbelentwerfer und -händler Sir Ambrose Heal zu einer erfolgreichen Geschäftsverbindung zusammen. Heal führte ein Möbelgeschäft in der Tottenham Court Road in London, das schon lange Zeit im Besitz seiner Familie war. Als er um 1900 zum erstenmal Artikel der Firma Morris ausstellte, verschaffte er dadurch den Produkten der »Arts-and-Crafts«-Bewegung endlich das Forum, das sie brauchten. Heal war sehr beeindruckt von Ashbees Persönlichkeit; er schätzte seinen hohen Qualitätsanspruch und seine Achtung vor den Rohstoffen und den heimischen Hölzern. Als Heal 1913 die Leitung des Familienunternehmens übernahm, achtete er sehr darauf, daß die Auswahl der Artikel, die seine Firma zum Verkauf anbot, nach den strengen Kriterien von Ashbee vorgenommen wurde. Einige Puristen versuchten auch, zu Beginn des 20. Jahrhunderts noch eine

Zeitlang, an dem typisch englischen rustikalen Stil festzuhalten, der aber um diese Zeit schon ein wenig lächerlich wirkte. Viele Künstler der jüngeren Generation, deren frühe Arbeiten noch unter dem Einfluß von Morris und Ashbee standen, hatten sich zu eigenständigen Künstlerpersönlichkeiten entwickelt und wurden Protagonisten eines neuen Dekorationsstils, der stark zur Stilisierung neigte und als Art Nouveau bekannt wurde. Walter Crane, der Verfechter des rustikalen Stils alter Schule, bezeichnete den neuen Stil als eine »merkwürdige dekadente Krankheit«. Trotzdem fand er Eingang in Häuser, die im Edwardian Style eingerichtet waren, und zwar in rustikalen Motiven in neuer, sinnlicher Interpretation und mit raffinierter Linienführung.

UNTEN: *Das ›Year Book of Decorative Art‹ von 1919, herausgegeben von The Studio, war der Ausstattung rustikaler Interieurs gewidmet. Die wichtigsten Merkmale waren Einfachheit und Bequemlichkeit. Die Entwürfe sahen Vorhänge mit einfachen Webmustern, Patchworkdecken und schlichte Holzmöbel vor. Farbliche Akzente wurden durch Bilder, Keramikobjekte und Stoffe gesetzt. Bei der Keramik und dem Porzellan wurde Wert auf gutes Design und einfarbige Glasuren gelegt, wie sie z. B. die Firma Ravenscourt herstellte.*

Die Wiederentdeckung des einfachen Landlebens

Es war nicht der Jugendstil (Art Nouveau), der dem rustikalen Stil ein Ende bereitete, sondern der Erste Weltkrieg. Nach dem Krieg hatten sich die Lebensbedingungen total verändert. Die Emanzipation der Frauen, der Mangel an Dienstboten, das Automobil und andere technische Neuerungen veränderten das Bild vom Heim als dem trauten Refugium der Familie von Grund auf. Die Innenausstattung der zwanziger und dreißiger Jahre wurde mehr und mehr der modernen Zeit angepaßt. Die verschiedensten Richtungen lösten einander in immer schnellerem Tempo ab: Wiederbelebungen historischer Stile, Stilvarianten und Importe, Schöpferisches und Imitationen. Abwechslung war das Wichtigste; die Dauerhaftigkeit, die das Cottage des einstigen Landarbeiters auszeichnete, galt nur noch als Zeichen von Armut und primitiver Lebensform. Nur eine einzige Richtung der rustikalen Erneuerungsbewegung konnte sich halten und weiter entwickeln. Es war die Gartenvorstadt nach dem Vorbild von Bedford Park, die Carr und Shaw entworfen hatten. In den dreißiger Jahren entstand eine Wohnsiedlung nach der anderen. Ein typisches Beispiel dieser Art ist Petts Wood in Kent. An der Außenseite der Häuser stellt man mit Stolz die typischen Elemente des traditionellen Landhauses wie Holzverschalungen, Fachwerk und bleiverglaste Fenster zur Schau, während man im Innern von allem etwas fand: industriell gefertigte Nachahmungen handgedrechselter Eichenmöbel, eingezogene Deckenbalken, aus Ziegelsteinen gemauerte Kamine, in denen eine Gasflamme die künstlichen Scheite umzüngelte, ein herrliches Sammelsurium von viktorianischen Chintzen, Möbel in einem imitierten jakobitischen (Jacobean) Stil und »französische« Fenster, die bis auf den Fußboden gingen, im Regency-Stil. Diese »Pseudo-Tudor«-Manier bezeichnete Osbert Lancaster als »Hintertreppen-Allerlei«.

Und wieder wurde das friedliche Bild vom idyllischen, rosenbewachsenen Landhaus zerstört. Diesmal durch den Zweiten Weltkrieg. Durch Kriegseinwirkung wurde ein großer Teil der menschlichen Behausungen in Europa zerstört, und es mußten für viele Menschen mit den geringsten Kosten neue Wohnungen geschaffen werden. Das bedeutete, daß nur ein rein funktionaler Stil in Frage kam, denn alles andere wäre für die Mehrzahl der europäischen Staaten unterschwinglich gewesen.

Erst in den sechziger Jahren, als die angespannte finanzielle Lage in allen kulturellen und sozialen Bereichen sich normalisiert hatte, setzte eine Reaktion gegen die Häßlichkeit und die »Seelenlosigkeit« des »technischen Zeitalters«

Dieses typisch rustikale Interieur ist nicht Teil eines Cottage, es ist der Entwurf für eine Küche von Waring and Gillow aus den zwanziger Jahren. Der Entwurf ist bis in alle Einzelheiten stilgetreu und enthält alle Elemente des rustikalen Stils. Es fällt schwer, in dem Entwurf ein Produkt des 20. Jahrhunderts zu erkennen, so stilecht wirken die anheimelnde Feuerstelle mit dem bleigeschwärzten Herd und dem hohen Sims, der typisch englische Geschirrschrank, »dresser« genannt, das einfache Steingutgeschirr, die schlichten Windsor-Stühle mit den gedrechselten Beinen und Rückenlehnen und der stabile Tisch mit der Leinendecke. An den Wänden hängen diverse Messinggefäße, und die Fenster sind mit einfachen Baumwollvorhängen dekoriert. Die Holzmöbel sind in einem stubtilen Grünton bemalt, was den rustikalen Charakter der Küche unterstreicht, die ebenso gut in eine smarte Stadtwohnung gehören könnte wie in ein Haus auf dem Lande.

ein. Die ständig wachsende Begeisterung für die Vergangenheit zeigte sich nicht nur in der Wiederbelebung historischer Stile, wie des viktorianischen und des Edwardian Stils, des Art Nouveau und des Art Déco, sie hatte auch ein erneutes Interesse am Dekorationsstil vergangener Epochen zur Folge. Der Eskapismus der ländlichen Idylle entsprach der inneren Einstellung des modernen Menschen. 1975 gründete Peter Blake, der erste Pop-Künstler, in West Country die *Brotherhood of the Ruralists.* Ein starker Trend zum rustikalen viktorianischen Stil erfaßte alle Bereiche des täglichen Lebens, von der Kleidung bis zur Dekoration und zum Verpackungsmaterial. In der Möbelfabrikation knüpfte man an die Zeit nach der Jahrhundertwende an und erinnerte sich an Bugholz und schlichte Kiefernholzmöbel. Die Wände wurden entweder getüncht oder mit einer hellen geblümten Tapete versehen. Laura Ashley war die erste, die diesem rustikalen Geschmack, der in den sechziger und siebziger Jahren so beliebt war, in ihren Entwürfen Ausdruck verlieh. Sie entwickelte einen Stil, der in dem traditionellen Laura-Ashley-Look gipfelte. Typisch für ihren Stil sind die Muster mit den einfachen, stilisierten Blütenzweigen in gebrochenen Farbtönen und erdigen Farben wie »smoke« (rauchfarben) und »plum« (pflaumenfarben). Ihre Produkte entstanden im gleichen Geist wie die der »Arts-and-Crafts«-Bewegung, es wurde viel Wert gelegt auf eine sorgfältige Verarbeitung und auf die Verwendung natürlicher Rohstoffe. Schon die Namen der Muster, *Wild Cherry, Meadow Flowers, Oak Leaves,* vermitteln die Frische und die Farbigkeit der ländlichen Umgebung. Laura Ashley hat den Städtern die Verbindung mit dem Land wiedergegeben. Sie macht es möglich, das jeder in seinem Heim seinem eigenen Traum vom ländlichen Leben Ausdruck verleihen kann. Die ländliche Idylle von der wir träumen, hat in Wirklichkeit vielleicht nie existiert, sie bleibt aber immer der zauberhafte Ort, an dem wir Zuflucht suchen können vor den Unzulänglichkeiten der Gegenwart.

Laura Ashley

Stickproben sind wertvolle Belege für die sich wandelnden Moden der Stickkunst; sie sind aber ebenso wichtig als optische Tagebücher zeitgenössischer und familiärer Ereignisse. Stickproben der viktorianischen Epoche bestehen häufig aus ländlichen Motiven wie Blumen, Tieren, Bäumen und Vögeln, die von einer floralen Bordüre eingefaßt und häufig durch Sprichwörter ergänzt werden. Dieses Exemplar um 1840 stammt wahrscheinlich von einem Kind; es hängt an einer Schleife aus bedrucktem Baumwollstoff und eignet sich vorzüglich als Dekoration eines Mansardenschlafzimmers.

Die ganz frühen Entwürfe Laura Ashleys bezogen ihre Lebendigkeit aus den Traditionen des einfachen englischen Landlebens. Diese weltbekannten und überall beliebten Streublumenmuster beeinflußten in ihrer Einfachheit den Einrichtungsstil der siebziger Jahre stark.

Der rustikale Stil war immer durch den Einsatz von Farben aus dem Landleben gekennzeichnet, durch die dekorative Wirkung liebenswerter Handarbeiten – seien es Textilgewebe, glattgeschliffenes Holz, gestrichene Fußbodendielen oder einfache Stühle mit Binsengeflecht. Es ist eine Einrichtungstradition, die dem unauffälligsten Haushaltsgegenstand eine intensive Wirkung verschafft, indem sie das Dekorative und das Funktionale vereint.

Laura Ashley interpretierte den rustikalen Stil als locker, einladend und behaglich, ein Stil ohne Förmlichkeit, von einer farbenfrohen Mischung von Drucken und Geweben bestimmt. Die Waschküche eines Farmhauses in Wales verdankt ihre reinliche Frische der klassischen Einfachheit von schwarzweißen Streifen und Kirschmustern; Holzmuster und Quiltmuster geben einem Schlafzimmer auf Long Island ein rustikales, handgefertigtes Aussehen; warme Terracotta- und Dunkelgrüntöne spiegeln die erdverbundenen Farben des rustikalen Stils in Amerika, wohingegen ein Schweizer Holzchalet alle Farben der Alpenlandschaft vom strahlendem Blau über Karminrot bis zu sattem Grün einfängt. □

In dieser rustikalen Schlafkammer mit ihren Dachschrägen zeigt sich der ganze Charme des Landlebens. Das Tageslicht strömt durch das Dachfenster herein und beleuchtet das eiserne Bettgestell mit dem Quilt aus dem späten 19. Jahrhundert. Die dunklen Eichenplanken des Fußbodens werden von einem einfachen Flickenteppich bedeckt. Durch die Tapete mit dem hübschen Blütenmuster und die Stoffe in gedämpften »smoke blue« (rauchblau)- und »cream«-Tönen wirkt das Ganze hell und freundlich. Eine gestärkte weiße Spitzendecke bedeckt den kleinen Tisch, und ein frisch geschnittener Feldblumenstrauß vervollständigt die Szene.

Obwohl diese Küche zu einem französischen Schloß gehört (das einmal im Besitz der Familie Ashley war), wirkt sie erfrischend unprätentiös und rustikal. Das Licht strömt durch ein hohes Fenster herein, und die Ausmaße sind recht großzügig bemessen. Eine breite, flache Wandnische wurde zum dekorativen Mittelpunkt des Raumes: Über einem alten Sideboard wurde ein Regal mit weit auseinanderliegenden Brettern eingebaut, auf dem eine Menge liebgewordener Schätze zur Schau gestellt sind. An der Wand lehnen und hängen Teller, davor stehen Kaffeekannen aus Email, blaugetönte Glasflaschen, Toby jugs (Trinkgefäße für Bier in Gestalt eines kleinen, untersetzten Mannes mit einem Dreispitz auf dem Kopf), glasierte irdene Krüge, kupferne Kuchenformen, braune holländische Kacheln und ein altes Bügeleisen. Der große Küchentisch aus Buche ist Mittelpunkt des Raumes und zugleich aller Aktivitäten, die in der Küche stattfinden. Auf dem Tisch liegt eine Auswahl knackig frischer Gemüse, und unter dem Tisch stehen einfache, solide Holzschemel. Die Liebe zur Natur und der Sinn für Humor zeigen sich in den Bündeln getrockneter Blumen, die über dem Regal hängen und in den Knoblauchzöpfen, die die Nische einrahmen. Die Fensternische füllt eine Arbeitsplatte aus Buche mit einer weiß gekachelten Oberfläche. Damit wurde ein idealer Arbeitsplatz geschaffen, von dem man bequem drei Arbeitsflächen erreichen kann: eine Wärmplatte auf der einen Seite, ein Ablaufbrett auf der anderen und eine breite Arbeitsfläche, auf der man Speisen zubereiten kann, direkt vor dem Fenster.

N°4
VASSEUR MARTIN
FROMAGE
MERE PICON

Ein rustikales Badezimmer wie dieses eignet sich ebenso gut für ein großes Landhaus wie für ein kleines Cottage. Der rustikale Stil ist nicht unbedingt auf Streublümchenmuster beschränkt. Als Dekoration für ein Badezimmer wird hier ein Stück Meeresküste mit vielen Muscheln vorgeschlagen – sozusagen als Gegenstück zur blumenübersäten Wiese. Ein naives blau-weißes Muster aus Muscheln, die auf der Spitze stehen, beherrscht den Raum; es bedeckt die Kacheln, die vom Boden bis zu einem blau angestrichenen Ablagebrett reichen, setzt sich auf der Tapete fort und wiederholt sich, in einem größeren Maßstab, auf der viktorianischen Badewanne. Hier wurde es mit Schablonen aufgemalt; darunter das *»Meer«* in *»sapphire blue«*.

Ein umlaufendes Abstellbrett läuft über die Wände und unterbricht die vertikale Ausdehnung der Wand. Die Höhe des Raumes wird optisch reduziert durch eine Doppelbordüre ober- und unterhalb der Ablage, die wie eine Lambrisleiste wirkt, außerdem durch eine Bordüre, die die Tapete unterhalb der Decke abschließt und schließlich durch zwei Bordüren mit verschiedenen floralen Motiven auf dem Karnies. Die blau getünchte Decke wirkt niedriger als eine weiße.

Der Baumwollstoff mit den blauen Blattmotiven mildert die rechtwinklige Strenge des Raumes. Er wurde für die gerüschte Verkleidung unterhalb des Waschbeckens und für das Raffrollo mit dem blauen Volant verwendet. Der festonartige Saum des Rollos antwortet auf die Girlandenmotive auf dem Karnies. Der recht verwittert aussehende Wäschekorb gibt dem Raum Charakter. Ein großes Bündel von getrocknetem Lavendel und eine Menge echter Muscheln wecken Erinnerungen an Ferien an der See. Porzellanteller in einem Badezimmer sind gar keine so merkwürdige Idee, wie es zunächst scheinen mag. Ihre einfachen Muster passen zu dem rustikalen Stil des Badezimmers, und die schöne, glänzende Oberfläche des Porzellans harmoniert mit den Texturen von Badewanne, Waschbecken und Fliesen. Die hellen, geschrubbten Holzplanken des Fußbodens sehen aus, als hätte das Salzwasser der See sie gereinigt und gebleicht.

Ein Raum, der den passenden Rahmen abgibt für die angenehme aber ernsthafte Tätigkeit des Essens. Ehrwürdige englische Eiche dominiert und verdunkelt die Szene, was ihr die gebührende Würde verleiht. Aufgehellt wird das Ganze durch die hübschen floralen Muster der Tapete und der Dekorationsstoffe in ruhigen Grün- und Rottönen auf neutralem, sandfarbenem Grund. Für die schweren Stühle wurden Rücken- und Sitzpolster mit Volants angefertigt. Die Farbe und die felsartige Textur des Steinbodens unterstreicht die Wirkung der natürlichen Rohstoffe, die hier ausschließlich verwendet wurden und reflektiert das klare Licht des Nordens. Die dunkel schimmernden Töne der Zinn- und Schmiedeeisenobjekte, die der Hausherr sammelt, verstärken die gedämpfte Stimmung des Raumes; auf dem Kaminsims aus Eiche stehen ein Kerzenleuchter aus Schmiedeeisen, eine Kaffeekanne aus Zinn und mehrere Trinkgefäße. Dem schwarzen Kronleuchter aus wiederverwendetem Zinnblech nimmt die Einfachheit der Form das Pompöse, das einem solchen Gegenstand gewöhnlich anhaftet und gleicht ihn seiner rustikalen Umgebung an. Es gibt keinen elektrischen Strom, und die heimelige Atmosphäre, die von dem Licht echter Kerzen verbreitet wird, unterstreicht den natürlichen, ungekünstelten Charakter dieses Raumes. Neben dem Fenster steht eine alte Anrichte mit Keramikplatten und -schüsseln, die die Rot- und Jadeakzente wiederholen. Ähnlich dekorativ wirkt ein Sideboard mit offenem Regal auf der gegenüberliegenden Seite des Raumes.

Die Fensternische ist eine »informelle« Sitzecke. Sie ist vertäfelt, und als Sitzbank dient ein eingebauter Geschirrschrank. Das Sitzpolster ist mit einem geblümten Stoff im gleichen Muster wie die Tapete bezogen. Das Muster der Vorhänge, die mit einem einfarbigen Stoff in *»crimson«* (karmesinrot) gefüttert sind, heißt *Potpourri.* Vervollständigt wird das Bild durch einen Hund, der ein wichtiger Bestandteil des Landlebens ist.

Dieses Mädchenschlafzimmer ist mit der ganzen Nostalgie und Verträumtheit ausgestattet, die mit dem Übergang von der Kindheit zum Erwachsensein verbunden sind. Das Puppenhaus, Erinnerungsstück und launige Dekoration zugleich, wird hier mit etwas so Erwachsenem und Aufregendem wie einem Vierpfostenbett mit Baldachin und Vorhängen kombiniert. Beides Symbole einer ganz natürlichen Entwicklung von den Phantasiespielen der Kindheit zu dem romantischen Gefühl, das man verspürt, wenn man in einer solchen Märchenlaube schläft.

Um den ganzen Raum herum läuft ein mit Schablonen aufgemalter Fries aus Heckenrosen, der den Raum integriert; er wirkt feminin und ist in seiner rustikalen Naivität der Umgebung angepaßt. Eine falsche Borte, die unterhalb der Bildschnur und parallel zu dem Fries verläuft, wird durch den ganzen Raum geführt. Sie soll nicht Gleichmaß schaffen, sondern im Gegenteil das merkwürdige Nebeneinander von Schrank und Kamin unterstreichen. Für die Tapete und die Stoffe wurde ein heiteres, blasses Rosen- und Spaliermuster gewählt, das die Jugendlichkeit der Bewohnerin betont; effektvollere Blüten oder ein üppigeres Muster würden das labile Gleichgewicht der dekorativen Elemente stören. Das rautenförmige Spaliermotiv wiederholt sich – in größerem Maßstab – als Schablonenmuster auf dem teppichlosen Fußboden. Hier wirkt es wie ein Fliesenmuster. Das Spalier kreuzt die horizontalen Linien der Holzplanken, es öffnet den Raum und läßt ihn größer erscheinen.

Auch die vielen züchtigen Volants symbolisieren eine Entwicklungsstufe zwischen Kindheit und Weiblichkeit; und der festonartige Fall des Raffrollos paßt viel besser zum Charakter dieses Mädchenzimmers als geradefallende Vorhänge. Das Innere der Bettvorhänge hat ein feines Punktmuster, das beruhigend wirkt. Es ist das Muster *Nutmeg* (Muskat) in den Farben *»plum«* (pflaumenfarben) auf *»cream«*. Die bemalte Kommode ist ein schöner Kontrast zu den polierten Holzoberflächen, und der Schaukelstuhl aus Boston von 1840 ist ein amüsanter Gegenpart zu dem antiken Schaukelpferd. Ein Raum, in dem man träumen kann.

Dieser zeitgenössische Raum ist erfüllt von dem Charme der liebenswerten, einfachen Muster, die nach dem Vorbild der Natur geschaffen wurden und die charakteristisch sind für rustikale Interieurs. Die Kombination von spärlich möblierten, modernen Interieurs und der poetischen Stimmung einer lieblichen Landschaft ist überaus erfrischend. Trotz seines modernen Aussehens kann das Haus auf Long Island, das um 1800 gebaut wurde, in vieler Hinsicht nicht den Einfluß des amerikanischen Federal Style leugnen. Man schätzte zu dieser Zeit einen geordneten Lebensstil, der sich in einem asketischen Einrichtungsstil und in undekorierten, einfach konstruierten Möbeln manifestierte. Gleichzeitig machte sich ein naives Naturverständnis bemerkbar. Das stilisierte Blattmuster im Federal Style, das auf der Tapetenbordüre zu sehen ist, entstammt einem Musterbuch aus einem Museum.

Dieses Wohnzimmer ist ganz in die weiche Stimmung von Herbstfarben getaucht: das Punktmuster der Tapete ist primelgelb und apricotfarben; der Bezugstoff des Sessels lachsfarben; und ein Kissen ist zimtfarben. Akzente setzen die roten Mohnblüten und die Getreideähren des rustikalen Musters.

Bei der Anordnung der dekorativen Objekte fällt vor allem die Vorliebe für klare, ausdrucksvolle Formen und sparsam angewendetes, eklektisches Ornament auf. Da wird zum Beispiel ein so alltäglicher Gegenstand wie die Pfeife, deren Form beinahe abstrakt wirkt, mitten auf dem Kaminsims plaziert, und unter einem sehr dekorativen Zerrspiegel steht, auf einem betont schlichten Sockel, eine indianische Skulptur. Das Wohnzimmer schließt unmittelbar an das Eßzimmer an, wo ein lebhaftes, stilisiertes Tulpenmuster auf den Wänden und den Rollos dem Raum eine kühle, feminine Frische verleiht. Die Lachstöne des Wohnzimmers vertiefen sich hier zum Terracotta des Polstersessels und der Tulpenblüten. Arrangements aus frischen Früchten und Blumen lockern das Ganze auf, und eine Druckgraphik in einem blaßgrauen Holzrahmen gibt der rustikalen Atmosphäre eine heitere Note.

HANSET LVCI RIEDE
VRSINA POL CASPER

Das ist ein echtes Chalet aus dem 15. Jahrhundert im Schweizer Landhausstil. Unverkennbar schweizerisch ist diese wunderbare Geborgenheit, die das Holz vermittelt – man fühlt sich etwa so wie in einer Gewürzdose. Die Wärme der einfachen Holzvertäfelung wird verstärkt durch die farbenfrohen Baumwolldrucke. Ein sattes *»crimson«* (karmesinrot) und ein dunkler *»mustard«*(Senf)-Ton sind die Grundfarben, *»sapphire blue«* wird als Akzent verwendet.

Durch die verschiedenen, sich gegenseitig ergänzenden Muster entsteht im gesamten Raum ein bestimmter Farbrhythmus. Hier zeigt das Muster der Polstersessel eine Maserung aus verschiedenen Rottönen; die Kissenbezüge sind gelbgrundig mit roten Beeren und saphirblauen Blätterranken. Die Kissenbezüge auf der Sitzbank haben ein anderes Muster aber die gleichen Farben. Das Muster mit seinen senkrecht verlaufenden blauen Streifen hat den sehr zutreffenden Namen *Alpine Spring;* es wurde auch für die Vorhänge verwendet. Der Querbehang ist wegen des geringen Abstandes zwischen Decke und Fenster sehr schmal. Der blaue Streifen wiederholt sich auf dem Sitzpolster der Bank und, in einer etwas anderen Anordnung, auf dem Kissen des rustikalen Holzstuhles.

Ein ähnliches Prinzip wurde auch bei der Ad-hoc-Zusammenstellung der Möbel angewendet. Hier entstand aus völlig verschiedenen Stilelementen eine glückliche Mischung, die dem Interieur seinen besonderen Charme verleiht. Die Holzbank, die Hochzeitstruhe, die zu einem Hängeschrank verarbeitet wurde, und der Teetisch mit den auswärts gestellten Beinen, durchweg rustikale Stücke, die aus rohem Holz gezimmert sind, wurden hier mit einer Sitzgarnitur kombiniert, die einer ganz anderen, gehobeneren Stilebene entstammt. Der rustikale Holzstuhl gehört wiederum einer anderen Stilkategorie an. Die Hochzeitstruhe ist ein interessantes Möbel; sie ist mit kleinen Herzen und den Namen *»Hanset Luciriede«* und *»Ursina Polcasper«* bemalt. Auf der Truhe stehen einige Porzellanobjekte, die mit pastoralen Idyllen bemalt sind, sowie Krüge und Töpfe aus dem Küchenbereich. Es ist das völlig Unprätentiöse, das den Raum so attraktiv macht.

Diese Waschküche in Wales wirkt besonders anheimelnd. Hier tragen die schlichten Gegenstände zu der harmonischen und ästhetisch befriedigenden Atmosphäre bei. Die Waschküche ist ein in englischen Landhäusern gebräuchlicher Arbeitsraum, in dem man wäscht und scheuert, Wild zerlegt und Butter und Käse macht. Gleichzeitig ist dieser Raum der Erde am nächsten: die weißgetünchte Tür aus einfachen Holzbrettern öffnet sich direkt zum Gemüsegarten. Die Erdnähe des Raumes drückt sich auch durch die diversen anderen Objekte aus: die Gießkannen, die Stapel von Blumentöpfen, den Kübel mit Wäscheklammern, den Umhängekorb mit dem breiten Lederriemen und die Wäschekörbe, die an einem Balken hängen und in denen die frisch gewaschene Wäsche zum Trocknen auf die Wiese getragen wird.

Das tiefe Waschbecken auf den einfachen weißen Ziegelstützen ist für vieles nützlich. Man kann es benutzen, um Blumen frischzuhalten, alte Kleidungsstücke zu waschen oder um Krüge und Teller abzuspülen. Daneben steht, in einem altmodischen Butterfaß, ein Mörser mit Stößel, darüber hängt, an einem Fleischerhaken, ein Musselinbeutel mit Quark.

Die Atmosphäre eines arbeitsreichen Alltags ohne Schnickschnack wird hier durch die Frische des Schwarzweiß-Kontrastes erreicht. Das Kirschblütenmuster der Tapete stammt von einem Kleiderstoff aus dem 19. Jahrhundert. Der Inlettstoff mit den schwarzen Lakritzestreifen, der für die Vorhänge, die Sitzkissen und den Vorhang am Waschtisch verwendet wurde, wirkt genauso frisch. In früheren Zeiten kam es häufig vor, daß Landfrauen ihre Baumwollröcke als Vorhänge für Regale

benutzten, wenn sie sich keinen Schrank leisten konnten. Fast alle Holzteile sind geweißelt, damit alles so sauber wie in einer Molkerei aussieht. Das Schönste an diesem Raum sind die Steinplatten auf dem Fußboden. Sie sind alt und abgetreten, und die vielen Risse auf den rot-schwarzen Quadraten bezeugen, daß die Zeit ihre Spuren hinterlassen hat.

Das Schlafzimmer in einem Haus auf Long Island bei New York ist ein typisches Beispiel des eigenwilligen und individuellen Charakters des amerikanischen rustikalen Stils. Die Farben, die in der Frühzeit der amerikanischen Nation gebräuchlich waren, Blau und *»light stone«* (hell steinfarben), wurden in der gesamten Federal-Epoche für nahezu alles verwendet, vom Futter der Herrenjacketts bis zu den Möbeln. Die einfachen Vorhänge der Fenster mit Schlaufen aus dem gleichen Stoff hängen an Gardinenstangen aus Kiefernholz. Das Muster der Vorhänge aus Punkten und Quadraten, das ursprünglich für Tischdecken verwendet wurde, wiederholt sich an den Bettvorhängen und wurde außerdem zu einer Borte auf der Bettdecke verarbeitet. Das symmetrische Punktmuster auf dem Sessel, dem Bettbehang und dem Futter der Bettvorhänge wurde als Futter eines Koffers entdeckt. Die Kissenbezüge sind aus dem altbewährten, rustikalen, karierten Gingham und einem Baumwollstoff mit floralem Muster, beide in den Farben Blau und *»stone«*.

Alle Muster wirken rustikal und handgedruckt und sind von der Tradition dieses traditionsreichen alten Hauses geprägt, zu dem auch der Kerzenleuchter im Shaker-Stil, die Kiefernholzumrahmung des Kamins und die breiten Holzplanken des Fußbodens gehören.

Das angrenzende kleine Schlafzimmer sieht aus wie eine Kapitänskajüte aus dem 19. Jahrhundert. Ein dreifarbiges Streifenmuster bedeckt Wände, Bett und Vorhänge, der Sesselbezug hat ein Muster aus kleinen Rauten und Blattmotiven auf terracottafarbenem Grund; die Bettrolle hat ein abweichendes Muster.

Das rustikale Idiom ist nicht auf das ländliche Cottage beschränkt, es eignet sich genauso für den etwas anspruchsvolleren Stil, den das Wohnhaus eines Gentleman-Landwirts erfordert. Hier treffen sich die Frische und Versponnenheit des ländlichen Stils mit der Geschmackssicherheit und dem dekorativen Aspekt des Landhauses. Ein Beispiel ist die Halle dieses provenzalischen Bauernhauses. Die unbemalten, naturbelassenen Oberflächen der hölzernen Fensterläden und der Säule und die weichen, verwitterten Grau- und Brauntöne der Steinfliesen schaffen eine rustikale Stimmung. Dieser Raum hat eine enge Beziehung zur Landschaft; das wird betont durch die erdigen Farbtöne der Tapete und der Stoffe. Die dominierende Farbe ist ein ruhiges Tabakbraun, das sich mit den Holztönen mischt. Wände, Vorhänge und Tischdecke haben das gleiche Muster und machen aus dieser ungünstigen Ecke einen Raum. Das Muster ist eine glückliche Wahl, es verbindet die hübschen Streublümchen, die wir mit dem rustikalen Stil assoziieren, mit den Arabesken zartblättriger Zweige, die eine elegantere Abstammung aufzuweisen haben. Die Farbkombination ist von unauffälliger Eleganz und Nüchternheit: Gewürzbraun mit sanften Rot- und Blautönen. Sie wird ergänzt durch ein konventionelleres Muster mit winzigen Rautenmotiven, die den Stühlen und den Servietten einen eleganten Anstrich geben. Die Borte ist *»burgundy«* (burgunderrot), mit der alles abgesetzt ist, nimmt eine Farbe wieder auf, die in beiden Mustern vorkommt und verstärkt so die Einheit des Raumes.

Die heitere, ländliche Atmosphäre wird unterstrichen durch zwei Tromp-l'œil-Malereien, einen Kamin und eine Tür. Beide sind locker und flüchtig gemalt und wollen nicht wirklich etwas vortäuschen. Sie haben aber eine wichtige optische Funktion: Die offene Tür, die einen Blick auf das Dahinterliegende gestattet, vermittelt das Gefühl von Räumlichkeit und erweitert die von Natur aus »tote« Ecke. Der gemalte Kamin ist ein Blickfang hinter dem Tisch, der für kleinere Mahlzeiten gedacht ist und der seinen ungewöhnlichen Platz in der Eingangshalle des Hauses gefunden hat.

Auf dem Tisch steht eine unglasierte griechische Terracotta-Vase. Statt der üblichen Gartenblumen ist sie mit Zweigen einer Baumhecke gefüllt, und in einfachen Holzschalen sind Früchte arrangiert.

Landhaus

Stil

Rückblick

Das Landhaus mit seiner so überaus liebenswerten Innenausstattung ist eine typisch englische Institution. Besonders in ihrer heutigen Form ist die Ausstattung des Landhauses keine stilistische Einheit, die beeindruckend oder Ehrfurcht gebietend wirken soll. Sie strahlt eher Bequemlichkeit und Behaglichkeit aus und hat eine Aura von verblichenem Glanz, von Familientradition und Erinnerungen an die Vergangenheit.

Evelyn Waugh hat in seinem Roman *Wiedersehen mit Brideshead* die typische Atmosphäre des Landhauses ausgezeichnet getroffen:

»In diesen Mauern zu leben, bedeutete ästhetische Erziehung; wenn man so von einem Raum in den anderen schlenderte, von der Bibliothek im klassizistischen Stil von Soane, in das chinesische Zimmer mit den gleißenden goldschimmernden Pagoden, den nickenden Mandarinen, der bemalten Tapete und dem Chippendale-Gitterwerk, und vom pompejanischen Salon in die Great Hall, die mit ihren Tapisserien noch immer so aussah wie vor 250 Jahren, als man sie geschaffen hatte.«

Der heutige Landhausstil ist eine hybride Schöpfung, die sich im Laufe von Jahrhunderten entwickelt hat. Doch ist er nicht mehr ein sicherer Hort überwältigender Grandeur und subtilster Ästhetik, eher ein Stil, von dem vor allem eine Aura von recht gutem Geschmack ausgeht. □

Mit Krüwel-Stickerei vertrieben sich die adligen Damen auf den Landsitzen im 16. und 17. Jahrhundert gern die Zeit. Dieses stilisierte Flammenmuster erinnert an ähnliche Stickereien, die in Italien im 14. Jahrhundert aufkamen. Dieses Exemplar bringt das Muster besonders wirkungsvoll zur Geltung.

UNTEN RECHTS: *Auf diesem Aquarell von David Cox aus dem 19. Jahrhundert, das die Lange Galerie von Hardwick Hall, Derbyshire, darstellt, erkennt man die wesentlichen Neuerungen des Ausstattungsstils der elisabethanischen Zeit. Die Galerie ist eine englische Errungenschaft; sie entwickelte sich aus dem auf dem Kontinent üblichen, überdachten Gang, der vom Erdgeschoß bis zum ersten Stock führte und sich über die Außenwand in ihrer gesamten Länge erstreckte. Das Außerordentliche an diesen langen Galerien waren ihre enormen Ausmaße. In den Galerien konnte man spazierengehen, ohne sich dem berüchtigt rauhen englischen Klima auszusetzen. Außerdem boten sie vorzügliche Ausstellungsmöglichkeiten für Gemälde und »objets d'arts« und eigneten sich für Theateraufführungen oder als Schlafraum für Gäste.*

UNTEN: *Im 17. Jahrhundert kam die Holzschnitzkunst durch Grinling Gibbons zu neuen Ehren und erreichte ein noch nie dagewesenes Niveau. Wie dieses Paneel aus Petworth, Sussex, zeigt, verband Gibbons barocke Überschwenglichkeit mit einer naturgetreuen Darstellungsweise.*

Im Mittelalter war die Great Hall des Herrenhauses der unangefochtene Mittelpunkt des Landlebens. Heute wirken diese Hallen oft kahl und ungemütlich, aber damals wirkten sie durch ihre leuchtenden Farben. Sie waren entweder einfarbig getüncht oder mit Schablonenmustern bemalt und mit Jagdtrophäen und Fahnen geschmückt, die die Familienwappen trugen. Die Heizung dieser riesigen Räume machte allerdings Schwierigkeiten; die Technik der römischen Fußbodenheizung war im dunklen Mittelalter in Vergessenheit geraten. Daher hatte es sich eingebürgert, daß der Herr und die Dame des Hauses die meiste Zeit in einem luxuriösen Schlaf-/Wohnzimmer verbrachten, das unmittelbar neben der Halle lag und in dem sich die kostbarsten Möbel des Herrenhauses befanden. Fensterglas gehörte zu den beweglichen Teilen des Hauses und wurde durch bemalte Fensterläden ersetzt, wenn der Lord und die Lady nicht im Landhaus residierten. Die Fußböden bestanden gewöhnlich nicht aus den kahlen Holzplanken oder den Steinplatten, die wir heute sehen; viele der großen Häuser hatten prachtvolle gekachelte Böden mit kunstvollen Mustern.

Der Einfluß des Kontinents

Im 16. Jahrhundert, als Italien und Frankreich das Ideal klassischer Harmonie wiederentdeckt hatten und von der Formsymmetrie und der Pracht der Renaissance überflutet wurden, sah das englische Interieur noch ziemlich fragmentarisch aus – doch der Wandel bahnte sich bereits an. In den Häusern, die damals gebaut wurden, wie Hampton Court, die Residenz Heinrichs VIII., gab es statt der Great Hall eine lange Galerie im ersten Stock. Sie diente der Muße und wurde bei offiziellen Empfängen benutzt. Hier wurden alle Kostbarkeiten des Hauses zur Schau gestellt; die Möbel waren meist aus Eiche, gelegentlich auch aus Zedern- oder Nußholz und waren mit kühnen Schnitzereien und Einlagen aus Elfenbein, Schildpatt oder Perlmutt geschmückt. Auch im Garten mit seiner geometrischen Anordnung von architektonischen Prospekten zeigte sich der Einfluß der Renaissance. In Audley End, Essex, der Residenz des Earl of

Suffolk, wurden für die sehr effektvolle Innenausstattung flämische Handwerker herangezogen, während Kamine und Türrahmen von einheimischen Handwerkern nach Vorlagen aus Renaissance-Musterbüchern gestaltet wurden.

Wenn man von dieser Situation ausgeht, erscheint der Einfluß, den der erste bedeutende englische Architekt, Inigo Jones (1573–1652), auf die Gestaltung der englischen Innenausstattung hatte, revolutionierend. Er war Sohn eines bescheidenen Webers aus Smithfield und entwarf am Hof von James I. (Jakob I.) die Dekorationen für die festlichen Maskenspiele. Während dieser Zeit reiste er zweimal nach Frankreich und Italien. Auf dem Kontinent war er sehr beeindruckt von den Architekturentwürfen des Italieners Andrea Palladio, dessen Baustil die Gestaltung englischer Landhäuser lange Zeit beeinflussen sollte.

Nach seiner Rückkehr vom Kontinent versuchte Jones vor allem, die harmonischen Proportionen von Palladios Bauten in England zu verwirklichen. So fanden typisch palladianische Stilelemente wie Tempelfronten, freitragende Wendeltreppen und die klassische Linienführung der Entwürfe Eingang in die englische Architektur.

1660, als die Unruhen des Bürgerkriegs und Cromwells Commonwealth der Vergangenheit angehörten, bekam England einen Monarchen, der einige Jahre in Frankreich im Exil gelebt hatte und der französische Sitten und französischen Geschmack in seiner Heimat einführen wollte. Von da an wurde Frankreich für die nächsten zweihundert Jahre zur Quelle der Inspiration für englische Entwerfer und Architekten.

König Charles II. (Karl II.) legte Wert darauf, daß das wieder in seine königlichen Rechte eingesetzte Haus der Stuart den gleichen barocken Prunk ausstrahlte wie der Hof Ludwigs XIV., des Sonnenkönigs. Dieser Barockstil war so recht geeignet, die Umgebung zu beeindrucken und zu unterdrücken. In einer äußerst kunstvoll gestalteten Kulisse von Damastdrapierungen, vergoldeten Stuckmotiven, Girlanden, Festons und Putti übte der Sonnenkönig seine Macht von Gottes Gnaden aus; Charles II. wollte die gleichen Kulissen und die gleiche Atmosphäre für sein Herrschertum und ließ die königlichen Appartements in Windsor nach französischem Vorbild ausbauen und ausstatten. In einer sorgfältig geplanten Abfolge von Empfangsräumen spiegelte sich die komplexe Hierarchie wider, ohne die das höfische Leben nicht funktionieren konnte.

Hinter einem grandiosen Portikus mit symbolischer Bedeutung öffnete sich eine große Halle, der »grand salon«, in dem die Diners stattfanden. Nach dem Essen zogen sich die Gäste in die Salons zurück, während die Vertrauten des Königs zu einer Audienz im Prunkschlafgemach zugelassen waren. Das ursprüngliche Konzept hatte sich gewandelt; die Great Hall war nicht mehr der Mittelpunkt des Hauses, in dem sich die wichtigsten Ereignisse abspielten.

Zwei der eindrucksvollsten Barockbauten Englands, Castle Howard, Yorkshire, und Blenheim Palace, die Residenz des Herzogs von Marlborough, wirkten stilbildend für das englische Landhaus. Sie wurden als Repräsentationsbauten konzipiert und waren in der Tat riesige Schau-Paläste. Aber in welchen Räumen lebten die Bewohner des Hauses? Jonathan Swift beschrieb Blenheim Palace in seinen Versen folgendermaßen:

Dieses Gemälde von Johann Zoffany, einem Gesellschaftsporträtisten des 18. Jahrhunderts zeigt Königin Charlotte und ihre Kinder. Es gewährt einen interessanten Einblick in die Ausstattung eines Damenschlafzimmers der siebziger Jahre des 18. Jahrhunderts. Vor dem Fenster mit der festonartig gerafften Gardine steht ein mit Spitze dekorierter Frisiertisch, der mit Chintz verkleidet ist. Auf dem Fußboden liegt ein reich gemusterter Teppich, und links im Bild steht ein goldgefaßter Sessel mit Brokatbezug. Hinter Königin Charlotte, auf einem Podest, steht eine chinesische Figurine vor einem großen Wandspiegel. Durch die geöffnete Tür ist eine lange, getäfelte Galerie zu sehen.

The spacious court, the colonnade,
And mind how wide the hall is made;
The chimneys are so well designed,
They never smoke in any wind:
The galleries contrived for walking,
The windows to retire and talk in;
The council chamber to debate,
And all the rest are rooms of state.
"Thanks, sir", cried I, "tis very fine,
But where d'ye sleep, or where d'ye dine?
I find, by all you have been telling,
That 'tis a house, but not a dwelling."

Die Antwort auf Swifts satirische Frage, wo denn die Bewohner in diesem kolonnaden-, kamin- und galeriegeschmückten Prunkbau denn nun eigentlich »leben«, ist, daß die Räume solcher Häuser je nach Funktion in drei Gruppen eingeteilt wurden: die offiziellen Empfangsräume, die Wohnräume und die Quartiere der Bediensteten. An gewöhnlichen Tagen, wenn keine zeremoniellen Anlässe angesagt waren, dinierte die Familie in einem kleinen Salon oder, wie in Frankreich, in einem der Schlafzimmer. Gleichzeitig mit dem Bedürfnis, sich mit derartigem Pomp zu umgeben, entwickelte sich eine neue Art der Ausstattung. Luxuriöse Materialien und Stoffe, die zum größten Teil aus Frankreich importiert wurden, kamen in Mode: Satinstoffe mit Zierborten und Fransen; Damaststoffe für Wandverkleidungen und Bettvorhänge und Moiréseiden – deren Musterung den Wellenbewegungen der Wasseroberfläche gleicht – für Polstermöbel. Das Vierpfostenbett, geradezu ein Wahrzeichen der Landhauseinrichtung, war nun, durch den Einfluß von Versailles, noch wichtiger geworden. Die Suche nach immer neuen theatralischen Effekten, um Reichtum und Luxus zur Schau zu stellen, lenkte die Aufmerksamkeit auch auf die Stuckornamente. Sie hatten schon in der elisabethanischen und in der jakobitischen (Jacobean) Epoche zu den schönsten Aspekten der Raumdekoration gehört, entwickelten aber nun besonders reiche Dekorationsformen. Erleichtert wurde diese Entwicklung durch die Verwendung einer neuen, schnell trocknenden Stuckmasse, die den herkömmlichen Stuck aus Kalk und Gips ersetzte und auf Holz und Draht aufgebracht wurde.

Der Einfluß des französischen und italienischen Spätbarock auf die Gestaltung des englischen Landhauses dauerte nur kurze Zeit. Zu Beginn des 18. Jahrhunderts setzte eine starke Gegenbewegung ein, für die Swifts Verse symptomatisch sind und die sich gegen den verschwenderischen Luxus solcher Bauten wie Blenheim Palace richtete. Statt dessen bevorzugte man nun den bescheideneren und »ungekünstelten« Stil von Inigo Jones, den die Whig-Aristokratie als »ehrlicher englisch« empfand.

Der zurückhaltende klassische Geschmack

Das Jahr 1715 war ein Wendepunkt für die Stilentwicklung. In diesem Jahr wurden zwei wichtige literarische Werke veröffentlicht: der erste Band des *Vitruvius Britannicus* des schottischen Architekten Colen Campbell, einer Satire auf die Exzesse des Barock, und die erste englische Übersetzung von

William Kent war einer der brillantesten Exponenten des palladianischen Stils in England. In Ditchley Park, Oxfordshire, entfaltete Kent seine ganze Kunst; er schuf prächtige Interieurs und kombinierte reichen Stuckdekor mit Wandmalereien, vergoldeten Schnitzereien und riesigen Marmorkaminen.

Palladios *I quattri libri dell'architettura*, das als wichtigstes Werk über die Baukunst gilt, das je geschrieben wurde. Beide Veröffentlichungen hatten großen Einfluß auf den Earl of Burlington, der entscheidend dazu beigetragen hat, daß das englische Landhaus zu seinen früheren, von der palladianischen Klassik geprägten Formen zurückgefunden hat.

Einer der talentiertesten Protegés von Burlington war William Kent (1685–1748), den man mit Recht den ersten großen Innenarchitekten Englands nennen könnte. Er entwickelte einen sehr spezifischen Ausstattungsstil für Landhäuser; einfach in der Formgebung, aber reich in der Dekoration. Das von ihm ausgestattete »Painted Parlour« in Rousham House, Oxfordshire, ist ein typisches Beispiel für die Frische und die Anmut dieser neuen Dekorationsweise. Kent wendete sich auch gegen die symmetrisch angelegten, geometrischen und von Hecken eingeschlossenen Barockgärten und entwickelte den typisch englischen Landschaftsgarten. Auch die Einführung der sogenannten »ha-ha«, einer versteckten, versenkten Wand, die man so getauft hatte, weil sie stets einen Überraschungseffekt auslöste, wenn man sie überschritt, führte zu einer weiteren Entgrenzung von Haus und Landschaft.

Es war auch die Zeit, als die jungen Gentlemen ihre Grand Tour auf dem Kontinent absolvierten. Die Souvenirs und die Kuriositäten, die sie unterwegs sammelten, wurden in Kabinettschränken aufbewahrt; Gemälde, Bücher, Porzellan und Schmuckstücke machten das englische Landhaus zu einer Schatzkammer von Artefakten anderer Epochen und Kulturen.

Adams romantische Variante der Klassik

Die bereits bestehende Vorliebe für den palladianischen Geschmack schuf die Voraussetzung für die Akzeptanz eines neuen, von der Klassik inspirierten Architektur- und Dekorationsstils, der das Landhaus verändern sollte. Begünstigt wurde die Entwicklung dieses Stils vor allem durch die Ausgrabungen von

Dieser Querschnitt durch ein Haus von 1774 stammt von John Yenn, einem Schüler von Sir William Chambers. Er zeigt die Verteilung der Räume und das typische Dekorationsschema großer Häuser dieser Epoche: Im Erdgeschoß hohe Empfangsräume mit klassischen Dekorationen. Im ersten Stock befinden sich das Hauptschlafzimmer und ein informeller Empfangssalon und im zweiten Stock zwei kleinere Schlafzimmer mit eleganten Streifentapeten. Die Räume der Dienstboten im Attikageschoß haben karierte Tapeten, ein Papiermuster, das als Innenfutter verwendet wurde.

Pompeji und Herculaneum, die sensationelle Einblicke in die Interieurs des antiken Rom gewährt hätten. Eine weitere Quelle der Inspiration waren die reinen Formen der griechischen Antike.

Die Protagonisten dieser neuen Stilrichtung waren zwei Schotten: William Chambers (1723–1792) und Robert Adam (1728–1792). Chambers trug auf seinen Reisen, die ihn zum Teil bis nach China führten, wie eine Elster, Details und Ideen zusammen und publizierte sie in seinem 1759 veröffentlichten Werk *Treatise on Civil Architecture*, das wertvolle Anregungen für die Gestaltung von Architektur und Innenausstattung enthielt. Zwischen 1757 und 1763 gestaltete er den Königlichen Botanischen Garten in Kew und 1769 das bezaubernde Interieur von Peper Harrow, wo er vor allem klassische Dekorationselemente wie Akanthusblätter und Lyramotive neben ägyptischen Sphingen nach authentischen Vorbildern verwendete.

Robert Adam war der wohl bedeutendste Landhausarchitekt des 18. Jahrhunderts. Auch er war weitgereist und hatte in Paris und Rom studiert. Die Begegnung mit dem Architekten Charles-Louis Clérisseau und dem Zeichner und Radierer Giovanni Battista Piranesi beeinflußte die Entwicklung seines dekorativen, phantasiereichen und von der klassischen Antike Vorbildern geprägten Stils.

Nach seiner Rückkehr aus dem Ausland tat er sich mit seinem Bruder James zusammen, der ebenfalls Architekt war, und machte es sich zur Aufgabe, die Sünden der englischen Architektur wiedergutzumachen und die »massiven Gesimse, die schwerfälligen Kassettendecken und die Tabernakelrahmungen« zu ersetzen durch eine »Vielzahl schöner, leichter und gefälliger Profile mit feinem Dekor . . . im schönen Geist der Antike«.

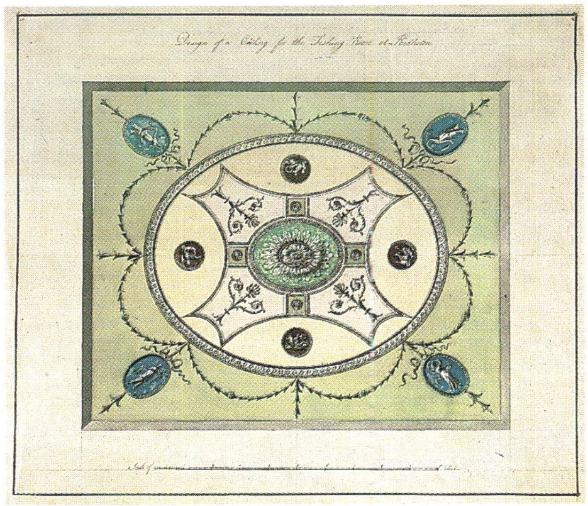

Robert Adams Entwürfe zeichneten sich durch neuartige Farbzusammenstellungen und die Neuinterpretation klassischer Motive aus. Diese beiden Entwürfe waren für Kedleston Hall, Derbyshire, bestimmt; der obere stellt die Decke des Fischereizimmers dar, der untere eine Wand des Lesezimmers. Interessant ist hier, wie Adam die »Grotesken«, die er während seiner Italienreisen zwischen 1750 und 1770 entdeckte, in Stuckornamente umsetzte und sie in seinen Ausstattungen verwendete.

Adams Begabung lag weniger in der Architektur als in der Innenausstattung; er baute bestehende Landhäuser um und gestaltete sie neu. Sein Stil war ausgesprochen delikat, in der Farbe wie im Ornament: Er bevorzugte blasses Grün, helles Blau und Pinktöne, und die gewölbte Decke des Salons von Saltram House, in Devonshire schmückte er mit feinen flachen Stuckreliefs in Form von Festons, Palmetten, Greifen und kreisförmigen Girlanden. Adams war auch der Schöpfer des sehr phantasievollen und als »etruskisch« bezeichneten Dekorationsstils, den er in Osterly Park, Middlesex, sehr wirkungsvoll einsetzte.

Allmählich setzte sich auch bei den Besitzern bescheidenerer Ländereien der Avantgardegeschmack der Aristokratie durch. Anstelle der Holzvertäfelungen traten getünchte Wände, den Fußboden bedeckten Teppiche englischer und orientalischer Provenienz, deren Motive in der Deckenbemalung wiederkehrten. Der Chintz, der englischste aller Stoffe, wurde im 18. Jahrhundert als Dekorationsstoff immer beliebter. Die klassische Abfolge von Gesellschaftsraum, Speisezimmer und Bibliothek löste die bisher gebräuchliche von Salon, Gesellschaftsraum und Schlafzimmer ab.

Der Wunsch nach Neuerung

Gegen Ende des 19. Jahrhunderts wendete sich der Trend erneut; von der jüngeren Generation wurde Robert Adam wegen seines verspielten, filigranen Stils kritisiert. Man war hungrig auf etwas Neues, was sich in ausgefallenen Geschmacksrichtungen manifestierte. Chinoiserien und »Gotik« kamen in Mode. In den Gärten machte sich die Vorliebe für das Pittoreske durch chinesische Pagoden und künstliche »gotische« Ruinen bemerkbar. England war in Aufruhr wegen der französischen Revolution und der Napoleonischen Kriege, die in der Schlacht von Belle-Alliance ihren Höhepunkt fanden. Aber trotz des ständigen Wechsels der Geschmacksrichtungen lassen sich in der gesamten Epoche einige durchgehende Themen in der Entwicklung des Landhausstils beobachten.

Die Architektur wurde nach wie vor von der klassischen Ausdrucksform beherrscht, doch der Gesamteindruck hatte sich verändert. Die Formen, die einst graziös und gefällig wirkten, wurden immer monotoner und kastenförmiger. Der Dekor war häufig vergoldet und wurde auf weißen oder pastellfarbigen Grund aufgebracht, wobei einzelne Motive als Flachreliefs herausgearbeitet wurden.

Auch Wandbemalungen mit Marmoreffekten gehörten zum Standardrepertoire der Innenausstattung. Große Spiegel verbreiteten eine Atmosphäre von Wohlstand, und von der flach kassettierten Decke hingen große Armleuchter herab. Die Türen – vorwiegend Flügeltüren – waren breit und hoch. Um 1800 wurden die Möbel solider und die Polsterungen üppiger. Sitzbänke mit festen Polsterungen und losen Kissen, verziert mit Borten und Fransen, kamen auf. Die Wände wurden tapeziert oder mit Seide bespannt und die Räume verschwenderisch mit Draperien und Teppichen ausgestattet. Die Strenge der architektonischen Formen sollte kompensiert werden durch die Üppigkeit der Ausstattung und die Reichhaltigkeit der Einrichtungsgegenstände. Die Gesellschaftsräume waren vollgestopft mit Kommoden und Vitrinen, Ottomanen, Chaiselongues, Jardinièren und einem Regulator.

LINKS: *Die Vorliebe des Regency für Chinoiserien wurde in dem Entwurf für den Pavillon des Prinzregenten in Brighton voll ausgespielt. Dieses Aquarell von Nash zeigt orientalisierende Details. Die Wände, in leuchtendem Schwefelgelb, sind mit exotischen Pflanzen- und Vogelmotiven und mit komplexen Gittermustern bemalt.*

UNTEN: *Carlton House in London, das leider stark beschädigt ist, war die Stadtresidenz des Prinzen von Wales und späteren Königs Georg IV. Es ist zwar weniger spektakulär ausgestattet als der Pavillon, ist aber mit sehr viel Phantasie dekoriert, wie die Abbildung des Blauen Samtkabinetts mit den üppigen Draperien und der hohen, prunkvoll gestalteten Decke zeigt.*

Charakteristisch für die Regency-Epoche, die von 1811 bis 1820 dauerte, ist das Bestreben, die Abgrenzung von Haus und Garten durch die bis auf den Boden reichenden »französischen« Fenster aufzuheben, die sich zum Wintergarten, zur Terrasse oder direkt zum Garten öffneten. Ein Beispiel für diesen neuen Wohnstil ist das Carlton House, die Residenz des Prinzen von Wales, in London. Orientalische Dekorationen, und besonders Chinoiserien, hatten schon um 1740 Eingang gefunden in die Einrichtung von Landhäusern. Gewöhnlich beschränkte sich dieser Einfluß auf Details oder einzelne Einrichtungsgegenstände, und nur wenige Räume waren ganz und gar im chinesischen Geschmack, inklusive kostbarer Tapeten, eingerichtet. Zwischen 1760 und 1780 waren die Chinoiserien und die vom orientalischen Geschmack beeinflußten Ausstattungen kurzfristig von einer Vorliebe zu Adams klassisch inspirierten Formen und Dekorationsmotiven verdrängt worden, lösten aber gegen Ende des Jahrhunderts eine neue Modewelle aus, für die der Royal Pavilion in Brighton, der 1816 fertiggestellt wurde, tonangebend war.

Die darauffolgende Generation repräsentierte die frühviktorianische Zeit, ihre Grundhaltung war extrovertiert, optimistisch, materialistisch und großzügig im Ausgeben. Die Neureichen äfften die alte Aristokratie nach: Kaufleute, Händler und Industrielle betrachteten den Besitz eines Landhauses als Legitimation für einen höheren gesellschaftlichen Status. Das Resultat war ein wahrer Bauboom. Die neuen Landhäuser entsprachen in ihrer Solidität und in ihrem Komfort den Wertvorstellungen und Prinzipien einer neuen reichen Bourgeoisie.

Die Menschen der viktorianischen Zeit nahmen sich und ihre Ansprüche sehr ernst. Sie betrachteten die Regency-Epoche als prinzipienlos und dekadent und versuchten, durch die Bauweise ihrer Häuser und durch deren Ausstattung und Einrichtung ihre eigene moralische Überlegenheit auszudrücken.

Zum Selbstverständnis der Neureichen kam noch hinzu, daß sie eine Vorliebe fürs Antiquarische hatten, egal ob echt oder nachgemacht. Evelyn Waugh gibt eine treffende Charakteristik dieses Stils in seinem Roman *Eine Handvoll Staub* von 1934. Er beschreibt ein grimmig aussehendes »gotisches« Landhaus von 1864 mit beeindruckendem Interieur.

In der hochviktorianischen Epoche entstand eine Vielfalt von Stilvarianten. Sehr beliebt war die »Baronical Gothic« mit ihren Anspielungen auf das Zeitalter der Ritterlichkeit und des Feudalismus, in dem die Gesellschaft noch streng strukturiert war und der Glaube an Kirche und König nicht in Frage gestellt wurde.

Die »Baronical Gothic« führte zur Wiederbelebung des jakobistischen (Jacobean) Stils, für den das von Joseph Paxton erbaute Mentmore Towers, Buckinghamshire, exemplarisch ist. Beliebt war auch eine Variante der italienischen Renaissance mit klassischen Stilelementen, die sich aber nicht auf eine bestimmte Quelle festlegte. Typisch für diesen Stil ist Osborne House auf der Insel Wight, das Prinz Albert zusammen mit Thomas Cubitt für Königin Viktoria entwarf und zu dem ihn Thomas Hopes Haus, Deepdene, angeregt hatte. Auch der Stil von Ludwig XIV. kam wieder in Mode. Diese Mode wurde ausgelöst durch Baron Ferdinand de Rothschild, der Waddesdon, Buckinghamshire, in Auftrag gab. Es war die maßstabgetreue Nachbildung eines französischen Schlosses aus dem frühen 18. Jahrhundert mit Mansardendach, importierter Holzvertäfelung aus der Zeit und goldgefaßten Möbeln.

Die Innenausstattung der viktorianischen Landhäuser zeigte, unabhängig vom Äußeren der Gebäude, ein einheitliches Bild: die Räume waren ausgefüllt mit schweren, gepolsterten Sitzmöbeln mit tiefen Polstersitzen und gerundeten Rücken- und Armlehnen, reich garniert mit Borten und Fransen. Die übrigen Dekorationselemente wurden immer schwerfälliger und plumper. Die Tapeten waren mit Blumen übersät, auf den Kaminsimsen standen große Uhren, und die Kaminschirme waren über und über mit Stickereien bedeckt.

Die Auswüchse des Regency-Pomps illustriert diese Abbildung des Kleinen Empfangssalons von The Deepdene, Surrey, dem Wohnhaus von Thomas Hope. Hier zeigt sich deutlich der Einfluß des Empire-Stils, der aus dem Frankreich Napoleons importiert wurde und der vor allem in den Draperien am Sofa, dem reich verzierten Kamin und in der auffallenden Farbkombination von Lachs und Pink zum Ausdruck kommt. Alle Details, einschließlich der farblichen Gestaltung, wurden nach Hopes genauen Anweisungen ausgeführt.

Es war die Zeit, in der das Paisley-Muster in Mode kam. Begonnen hatte diese Mode eigentlich schon gegen Ende des 18. Jahrhunderts, als Reisende handgewebte Kaschmirschals aus Indien mitbrachten. Es setzte sofort eine derartige Nachfrage ein, daß die East India Company begann, die Schals zu importieren. Ein Weber aus Edinburgh fand heraus, daß er sie in Massenproduktion billiger herstellen konnte und gründete 1805 eine Fabrik in dem schottischen Ort Paisley. Das Kiefernzapfenmotiv erschien nun nicht mehr nur auf Dekorationsstoffen, sondern auch auf wollenen Damenschals, die in ganz Europa und Amerika über ausladenden Krinolinen getragen wurden.

Auch die Druckmuster des bekannten Entwerfers Owen Jones gehörten im 19. Jahrhundert zum Bild des englischen Landhauses: Gittermuster und klassische Akanthusmotive, in Verbindung mit geometrischen Mustern, wurden von griechischen Vorbildern abgeleitet. Islamischer und maurischer Dekor, den Jones auf seinen Reisen in Spanien beim Besuch der Alhambra kennenlernte, beeinflußte seine stilisierten Muster ebenso wie die orientalische Kunst und die Kunst der Naturvölker. Nachdem man ihm die Ausgestaltung des Kristallpalastes übertragen hatte, machte sich sein Einfluß in der zweiten Hälfte des 19. Jahrhunderts bei allen dekorativen Künsten bemerkbar.

In jedem Haus wurden kleine *objets d'art* und Nippes angehäuft: Mosaikarbeiten aus Muscheln, Notizbücher mit Ledereinband oder mit handgemaltem Einband, Ziervasen in abenteuerlichen Formen mit starkfarbigen Glasuren, Nähkästchen und allerlei Krimskrams. Es waren nutzlose Dinge, doch ihre Besitzer hingen mit rührender Hingabe an ihnen und stellten sie liebevoll auf »Whatnots« (kleine Etagèren mit drei oder mehr offenen Fächern) oder in verglasten Vitrinen zur Schau. Durch die Kunst des Tierausstopfens entstand eine neue Mode: In jeder Diele, in jedem Gang wurden ausgestopfte Tiere oder sogar der verstorbene Liebling des Hauses ausgestellt. Im besten Fall glich ein solches viktorianisches Landhaus Aladins Schatzkammer und strahlte Wärme und Behaglichkeit aus, im schlimmsten Fall war es feucht und muffig und wirkte physisch und psychisch erdrückend.

Gegen Ende des 19. Jahrhunderts änderte sich in Amerika die Auffassung vom Einrichtungsstil des Landhauses. 1897 veröffentlichte die spätere Romanautorin Edith Wharton ihr erstes Buch. Es war ein Handbuch über Innenausstattung mit dem Titel *The Decoration of Houses.* In diesem Buch betont Edith Wharton, daß ein großer Unterschied besteht zwischen einem Polsterer und einem Dekorateur; außerdem kritisiert sie den vulgären Geschmack der Amerikaner und empfiehlt ihnen einen an die »französische Art« angelehnten Einrichtungsstil. Damit trat eine Stilwende in Amerika ein: Das pompös-überladene Interieur der spätviktorianischen Epoche wurde unmodern, und statt dessen knüpfte man an die eleganten kurvierten Linien des 18. Jahrhunderts an. Edith Whartons Dekorateurin, Elsie de Wolfe, entwarf für die wohlhabende Familie Frick in New York eine herrliche Ausstattung in »Old-French«-Manier.

OBEN: *Knightshayes Court, in einer Darstellung von William Burges von 1867, ist ein typisches Beispiel für die phantasievollen Formen und Schmuckelemente der Landhausarchitektur, wie sie in der zweiten Hälfte des 19. Jahrhunderts vorherrschte. Burges war der führende Architekt der reformerischen Neugotik.*

UNTEN: *Das Paisley-Muster, das auf das Kiefernzapfenmotiv zurückgeht, hat seinen Ursprung in Indien. Die Bezeichnung »Paisley« stammt jedoch von einer kleinen Stadt in Schottland, in der Stoffe und Schals in diesem indischen Muster hergestellt wurden.*

Gleichzeitig entwickelte Edwin Lutyens (1869–1944) in England einen neuen Landhausstil, der endlich die Ablösung von den Klischees der vielen Neo-Stile herbeiführte. Lutyens verband klassische Proportionen mit der Liebe zum Detail der »Arts-and-Crafts«-Entwerfer. Mit seinen vielseitigen Entwürfen, die von dem massiven Granitbau des Castel Drago in Devon bis zu der bescheideneren symmetrischen Form des im Queen-Anne-Stil gebauten The Salutation in Sandwich reichte, erwies sich Lutyens als hervorragender Interpret der neuen Landhaustradition. In seinen Interieurs verband er Strenge mit Eleganz, er schreckte weder vor unverputzten Steinen noch vor glatten, verputzten Wänden zurück und befreite den Landhausstil von den frommen Aperçus Pugins. Gelegentlich hatte er auch kühne oder humorvolle Einfälle. In Marshcourt, Hampshire, schuf er einen Billardtisch aus einem einzigen heimischen Kalksteinblock; einen Kindergarten konzipierte er mit kreisrundem Grundriß – er wollte verhindern, daß Kinder in die Ecke gestellt werden.

Die Hauptanliegen von Erbauern viktorianischer Landhäuser waren die Erhaltung der Gesundheit und die hierarchische Trennung von Altersstufen und Gesellschaftsklassen. Die Gesundheit wurde Genüge getan durch den Einbau einer Unmenge von Ausgüssen, Abflußrohren und Belüftungsvorrichtungen. Die Zuordnung von Räumen und Treppen zu bestimmten Alters- und Standesgruppen machte aus dem Haus einen Irrgarten. Was die Heizung anbetraf, so hatte man noch immer wenig Ahnung, wie man Heizungswärme wirkungsvoll und ökonomisch zirkulieren lassen kann – und setzte nach wie vor auf Ofen und Kamin. Badezimmer mit fließendem Wasser hielt man für das tägliche Leben für überflüssig. Man klingelte den Dienstboten und ließ sich eine Badewanne ins Schlafzimmer bringen, die neben das Kaminfeuer gestellt und aus Kesseln und Kannen mit warmem Wasser gefüllt wurde. Die große Primadonna der viktorianischen Zeit, Adelina Patti, deren Landhaus im »Baronical-Gothic«-Stil, Craig-y-nos, bei Swansea, als das Nonplusultra von Luxus und Komfort galt (es hatte eine elektrische Alarmanlage), hielt drei Badezimmer für die vierunddreißig Schlafzimmer für ausreichend.

Während all dieser sich ständig wandelnden Modetrends war die Liebe zum Landleben die einzige Konstante. Die aufstrebende Bourgeoisie mag nicht immer in der Lage gewesen sein, sich das Herrenhaus anzuschaffen, das alle anstrebten, aber wenigstens konnte man sich Abbildungen von Landsitzen neben Landschaften und »Ahnen«-Porträts zweifelhafter Herkunft an die elegant tapezierten Wände hängen. Selbst die Königin liebte das Leben auf dem Land, vor allem im schottischen Hochland, und ihr Einfluß war so stark, daß die Ausstattungen von Landhäusern und Stadtvillen diesen Geschmack reflektierten.

Das Landhaus in Gefahr

Nach dem Ersten Weltkrieg erfuhr der traditionelle Landhausstil eine plötzliche Rückwendung zum Romantischen. Man war ängstlich bemüht, den Alptraum der Vergangenheit zu vergessen und sich einer neuen Zukunft zuzuwenden. Nur die englische Oberschicht klammerte sich verzweifelt an die Überbleibsel ihrer einstigen Vormachtstellung und ihres gesellschaftlichen Prestiges. Doch eines hatten alle Gesellschaftsschichten gemeinsam: ihre Abneigung gegen die

In den neunziger Jahren hatte man in Amerika die eleganteren Formen der Innenausstattung des 18. Jahrhunderts wiederentdeckt. Die düsteren, vollgestopften Interieurs der hochviktorianischen Epoche verschwanden zugunsten des »Old French«-Stils mit seinen hellen Pastellfarben und den graziös geschwungenen Linien. Im ersten Jahrzehnt des 20. Jahrhunderts hat dieser Stil auch in den eleganteren Häusern Europas Fuß gefaßt. Mit diesem Aquarell, das um 1910 entstand, pries ein Möbelhersteller aus dem Norden Englands seine Produkte an. Die Paneele der holzgetäfelten Wände sind mit pinkfarbenem Seidendamast bespannt, vervollständigt wird die Dekoration durch die hellgrünen, drapierten Vorhänge und die zarten Musselin- oder Spitzengardinen. Die obere Kante des allgegenwärtigen Stellschirms zeigt fast jugendstilartige S-Schwünge. Mittelpunkt des Raumes ist ein Flügel, ohne den kein Interieur im Edwardian Stil ausgekommen wäre.

Schwerfälligkeit und den Pomp der viktorianischen Epoche. Evelyn Waughs Roman *Eine Handvoll Staub* von 1934 setzt sich mit diesem Thema auseinander. Eines der Probleme in der Ehe von Tony und Brenda ist Tonys unerschütterliche Anhänglichkeit an diesen kalten, düsteren weißen Elefanten von einem Haus. Hierdurch gerät er in Konflikt mit Brendas Sehnsucht nach einer Wohnung mit »Schlafzimmer, Bad und Telefon . . . Warmwasserversorgung und Zentralheizung . . . hellen Chromoberflächen und einem naturfarbenen Schaffellteppich«.

Brenda lebt in der Welt der modernen Raumgestalter. Eine der bekanntesten Firmen dieser Branche war Lenygon's, die sich auf den komfortablen Georgian Style spezialisiert hatte. Loelia, Lady Lindsay von Dowhill nennt als Lenygon's Markenzeichen das »unvermeidliche getäfelte Wohnzimmer« in einer »Farbe, ungefähr zwischen Blau und Grün«. Zu den renommiertesten Innenausstattern gehört auch das Designer-Duo Sybil Colefax und John Fowler; ihr Gestaltungsprinzip war die Freiheit »von allzu vielen Regeln . . . bei aller Eleganz und Ästhetik der Form« strebten sie eine »eher legere und unkonventionelle Art der Gestaltung« an.

Ein weiterer Einrichtungsstil, den vor allem die Aristokratie bevorzugte, war der »Transatlantic-luxury«-Stil, wie ihn die Innenausstatterin Syrie Maugham propagierte. Er verband klassizistische Züge mit einem Hauch von Louis XIV. und einer Prise Filmkulisse. Typisch für diesen Stil waren Lampen aus Glas, große Spiegel, pinkfarbene Seide, grüne Satinstoffe und einfarbige Teppichböden. Der Romanautor und Kritiker Peter Quennell beschreibt diesen Stil mit beißender Ironie:

> »Zu den Polstermöbeln in Offwhite gehörten lackversiegelte Beistelltische in Eiche und barockes Zubehör, das der ihm gebührenden farbigen Fassung, die es dringend nötig gehabt hätte, beraubt war. Ein solches Interieur war smart, frostig, völlig unpraktisch und aus mancherlei Gründen – darunter die leichte Verführbarkeit der Reichen und der Einfallsreichtum der Innenausstatter – außerordentlich teuer.«

Der Entwurf eines Pariser Dekorateurs ist ein Muster für den »Old French«-Stil der Fensterdekoration, wie er in England um 1900 gebräuchlich war. Die dekorative Fransenborte, die Raffung der Seitenschals, der separate drapierte Querbehang und die passende Sonnenblende lassen deutlich den Einfluß von Pierre de la Mesangère erkennen, dessen Entwürfe ein Jahrhundert älter sind.

Als 1939 der Zweite Weltkrieg ausbrach, begann für das Landhaus noch einmal eine bedrohliche Phase. Der größte Teil der Landhäuser wurde für kriegswichtige Zwecke beschlagnahmt. Sie wurden teils als Kasernen benutzt (wie das von Waugh erfundene Brideshead), teils als Lazarette oder Genesungsheime, als Schulen für evakuierte Kinder oder als Ausweichdepots für Kunstwerke. Als der Krieg vorüber war, zweifelten viele Hausbesitzer daran, ihre Häuser wiederherstellen zu können. Der Schaden war zum Teil beträchtlich; der alte Stuckdekor war abgeblättert, Vertäfelungen waren herausgebrochen oder das Haus war anderweitig beschädigt. Hinzu kam eine neue Gesetzgebung, die dem landbesitzenden Adel neue Steuern auferlegte und ihm dadurch die Mittel nahm, die Häuser im alten Glanz wiedererstehen zu lassen. Das Landhaus und das, was es repräsentierte, schien dem Verfall preisgegeben. Waugh beschreibt diese Situation im Vorwort zu seinem Roman *Brideshead Revisited* in der Ausgabe von 1960 so: »Es schien damals, als seien die Landsitze unserer Vorfahren, die die größte künstlerische Leistung unserer Nation waren, dem Untergang geweiht und der Plünderung preisgegeben wie im 16. Jahrhundert die Klöster.«

Die Wiedergeburt des Landhausstils

Das 20. Jahrhundert war eine Epoche der Zerstörung, in der vieles Zusammengehörige auseinandergerissen wurde, gleichzeitig aber auch eine Zeit des Wiederaufbaus und der Erneuerung. In den fünfziger und sechziger Jahren änderte sich die Einstellung zum englischen Erbe; die zahlreichen historischen Stilarten des Landhauses wurden liebevoll und genau rekonstruiert und beeinflußten die Geschmacksrichtungen und modischen Tendenzen des Dekorationsstils in England und Amerika. Der »Landhausstil«, früher nur von wenigen Auserwählten bevorzugt, wurde zum populären Einrichtungsstil, der sich seiner Umgebung anpaßt und sich vielfältig kombinieren läßt. Die wichtigste Errungenschaft der Nachkriegszeit war die Öffnung der Landsitze für das Publikum.
In den achtziger Jahren widmete sich Laura Ashley dem Landhausstil. Er entwickelte sich aus dem rustikalen Stil, der in den sechziger und siebziger Jahren so beliebt war, und ergänzte ihn. Laura Ashley verwendete nun sattere Farben, die sie mit sehr viel Feingefühl kombinierte. Baumwolle wurde nicht mehr ausschließlich als rustikales Material betrachtet, sondern auch für anspruchsvollere Stoffe verwendet; das Angebot an Baumwolldrucken wurde erweitert, Chintz und ein schwerer Baumwollsatin wurden in die Kollektion aufgenommen. Die Interieurs wirken vor allem durch ihre Zeitlosigkeit; sie scheinen ganz natürlich und ohne jede mühevolle Planung zustande gekommen zu sein, obwohl dahinter die sorgfältige Abstimmung aller Details steckt. Die bequemen, schnörkellosen Polstermöbel und die Blumensträuße und Topfpflanzen wirken einer gewissen Förmlichkeit der Einrichtung entgegen und machen sie akzeptabel. Klassische Muster und Farben werden bewußt eingesetzt, um die harmonischen Proportionen eines Raumes zu unterstreichen; sie schaffen Einheit und Balance. Der Landhausstil mit seiner Aura von Behaglichkeit und Komfort, seiner Ausstrahlung von Tradition und seiner bewußten Anspielung auf vergangene Epochen ist in der ganzen Welt zu Hause.

Laura Ashley

Das Wesentliche des Landhausstils ist für Laura Ashley die Atmosphäre von Bequemlichkeit und Ruhe. Ein Landhaus ist ein Refugium, in dem man entspannen kann, in dem das Formelle, vielleicht sogar auch das Grandiose, sich unbekümmert mit den liebgewordenen täglichen Gewohnheiten des Familienlebens mischt. Der Landhausstil ist keine abgeschlossene Entwurfstheorie, sondern ein Ambiente, das im Laufe der Zeit durch pflegliche Benutzung entsteht.

Die Atmosphäre von Eleganz und Natürlichkeit ist das Resultat sorgfältiger und umfangreicher Studien. Die Inspiration für Stoff- und Tapetenentwürfe kam von den Gegenständen des täglichen Lebens der Vergangenheit. Fundgruben waren die Dachböden und Abstellkammern englischer Landhäuser, Archive und alte Stoffreste aus Chintz und Musselin. Die Paisley- und Chinoiserie-Muster von Laura Ashley reflektieren den traditionellen Eklektizismus des Landhausstils, und die floralen Chintzmuster mit den voll erblühten Blumen verweisen auf die Schönheit der Natur.

Der Schmelz und die Tiefe der Farben und der Texturen, die charakteristisch sind für das Interieur des Landhauses, ließen sich nur erschließen mit dem richtigen Gespür für die Vergangenheit, mit dem Respekt vor der Tradition und mit der Liebe zum Landleben. Es ist eine Atmosphäre von Zeitlosigkeit, die jedem Heim den Geist des englischen Landhauses einhaucht. □

Der Landhausstil läßt sich nicht mit ein paar Begriffen definieren, man muß ihn umschreiben. Etwa so: Wenn Sie arrogant genug sind, ihr Wohnzimmer »drawing room« zu nennen, und unbekümmert genug, neben Großtante Augustas abgewetztes Sofa mit den eingezogenen Knöpfen goldgehöhte Tischchen zu stellen, kommen Sie dem Landhausstil ziemlich nahe.
Atemberaubende Ausmaße, Interieurs im ganz großen Stil, eine Ansammlung von Stilen aus mehreren Jahrhunderten – alles das verarbeiten die Engländer mit ihrem Talent zum Eklektizismus zu diesem unnachahmlichen und spezifisch englischen Chic.
Dieser Raum in der Nähe von Bath mit dem Steinplattenfußboden und der Wandvertäfelung ist ein Beispiel für diese ganz spezielle Mischung von würdevollen und unkonventionellen Elementen. Und dieser Mischung ist es zu verdanken, daß der englische Landhausstil in der ganzen Welt so gern kopiert wird.

Bettvorhänge gab es schon, bevor es Gardinen gab. Warum sollte man sie also heute abschaffen? Ursprünglich hatten sie die Funktion, den Schlafenden vor Zugluft zu schützen; heute schätzt man sie wegen ihrer dekorativen Möglichkeiten. Allein durch Bettvorhänge kann man ein gewöhnliches Schlafzimmer in ein pompöses Schlafgemach verwandeln. In diesem Schlafzimmer wird das Kopfende des Bettes von einem Baldachin, einem Wandbehang und Seitenschärpen gerahmt, die unterhalb der Matratzenhöhe zurückgebunden sind. Die Draperie über dem Baldachin fällt in weich gelegten Falten. Der Behang hinter dem Kopfende des Bettes ist ein fein gefältelter, primelgelber Baumwollstoff, der in sich gemustert ist. Der Stich und die Scherenschnitte, die innerhalb des Baldachinraumes hängen, verleihen dem Arrangement eine konventionelle Note und unterstreichen die Kühnheit der Zusammenstellung.

Ungewöhnlich für ein Schlafzimmer sind die vielen Möbelstücke. Es gibt keinen Frisiertisch, dafür aber einen großen runden Tisch. Ein Tisch mit Dreifußstütze neben dem Bett hat die richtige Höhe für eine Leselampe und bietet eine größere Ablagefläche als ein herkömmlicher Nachttisch. Denn was wir hier sehen, ist kein normales Schlafzimmer, es ist ein großer Raum, in dem man außer schlafen auch Tee trinken, lesen, Briefe schreiben und nähen kann.

Die Draperie des Baldachins wiederholt sich in den Fensterdekorationen, und die Tapetenbordüre, die um den ganzen Raum läuft, setzt das Rosenthema fort. Das üppige Rosenmuster auf dem Chintz wird ergänzt durch die kleinen Blumensträußchen auf der Tapete. Die karierte Tischdecke mit den rauchfarbenen Fransen hat eine stabilisierende Wirkung, die durch das Gittermotiv auf dem Bettzeug unterstützt wird. Ein Teppich neben dem Sofa zeigt eine neue Variante floraler Musterung, sein stilisiertes Pseudostickereimuster verweist auf die echte Stickerei auf dem Deckel des Nähkästchens.

Das Dinner war schon immer eine feierliche Angelegenheit. Dieses englische Speisezimmer mit seinen satten Farben, den kostbaren Möbeln und dem schimmernden Glanz von dunklen Hölzern, alten Gemälden, von Silber, Porzellan und Kerzen verkörpert den traditionellen Landhausstil. Der überraschend helle Ton der breit gestreiften Tapete ist ein wunderbarer Hintergrund für die tiefen, dunklen Farben von Vorhängen, Sideboards und Polstermöbeln. Die Vorhänge sind aus Baumwollsatin, dessen seidigen Glanz man in der viktorianischen Epoche sehr schätzte. Der Stoff hat einen weichen, natürlichen Fall und ein lebhaftes Muster aus Blattmotiven auf marineblauem Grund. Das Paisley-Muster der Kissenbezüge und die dunklen, gedämpften Töne der Tartanteppiche entstammen dem gleichen Stilvokabular.

Auf dem Tisch liegt eine Chintzdecke in *»buttermilk«*, von der sich die dunkleren Farbtöne wirkungsvoll abheben. Sie ist mit einer Fransenborte in *»burgundy«* eingefaßt, die auf die Polstersitze der Stühle abgestimmt ist. Die Chintzdecke hat eine praktische Funktion, sie soll die eigentliche Tischdecke schützen, die aus dem gleichen Stoff wie die Vorhänge gemacht ist und unter der Chintzdecke hervorschaut.

Der Tisch ist für das ländliche Frühstück einer Jagdgesellschaft gedeckt. Die Platzdeckchen in *»burgundy«* und die Servietten in *»navy«* (marineblau) gehen auf ein Dessin des viktorianischen Entwerfers Owen Jones zurück. Sie werden ergänzt durch Servietten mit dem Muster *Nutweg* (Muskat). Man beachte auch die vierzinkigen Gabeln. Das dunkle Blau wiederholt sich im Dekor des Porzellans als abschließender Rand. Die Schirme der Kerzenleuchter sehen aus wie kleine Hüte, eine Form, die vor dem Zweiten Weltkrieg sehr modern war und noch heute in einigen der traditionsreichen Oxford-Colleges zu finden ist. Die Stühle haben weiche, aber haltbare Lederpolster in *»burgundy«*.

Da dieses Landhaus zu einem landwirtschaftlichen Betrieb gehört, müssen Stilfragen auch praktischen Erwägungen unterworfen werden. Daher wurde als Fußbodenbelag Sisal gewählt; sein Ockerton harmoniert mit der Tapete in *»buttermilk«*.

Dieses Gesellschaftszimmer ist zwar im großen Stil eingerichtet, dennoch vermitteln viele Details den Eindruck einer ungezwungenen Atmosphäre und eines bewohnten Raumes: das Sammelsurium von Objekten auf dem Kaminsims und auf dem Schreibtisch, eine Menge hübscher Kissen und der mit Quasten besetzte Stoffüberwurf, der die strengen Linien des Sofas durchbricht. Der Eindruck von Würde und Größe ergibt sich vor allem durch die allgemeine Gestaltungsidee des Interieurs. Bei dem Entwurf mußte man zunächst von den natürlichen Gegebenheiten ausgehen, nämlich von den Ausmaßen dieses weiten Raumes mit seinen hohen, eleganten Fenstern und von der exquisit gearbeiteten französischen Vertäfelung, die dem Raum eine sehr noble Atmosphäre verleiht. Die Vertäfelung brauchte nicht besonders hervorgenommen zu werden, daher wurde ein unauffälliger Sandton gewählt. Die Oberflächen sind aus Marmor und poliertem Holz, für die Fenster wählte man eine Dekoration im Empire-Stil mit langen Fransen und Quasten und drapierten Querbehängen. Der gerahmte Spiegel über dem Kamin ist ein unentbehrliches, raumvergrößerndes Requisit, das die majestätische Größe dieses Raumes unterstreicht.

Details signalisieren einen kultivierten Lebensstil – der Globus, eine Alabasterbüste auf einem Sockel, hier und da eine Statuette, an den Wänden Gemälde alter Meister und schließlich in Leder gebundene Bücher. Diese Requisiten wurden genau richtig dosiert, damit das Ganze nicht zu pompös wird. Aus dem gleichen Grund blieben die Gemälde ungerahmt und hängen an großen blauen Taftschleifen. Weitere Details verbreiten Clubatmosphäre, so zum Beispiel der Holzrahmen für die Zeitung und die Ottomane mit den Klauenfüßen, deren ausladende Silhouette durch die schweren Quasten gefälliger wirkt.

Eine allzu stringente Übereinstimmung der Muster wurde absichtlich vermieden, um dem Raum das Feierliche zu nehmen. Gleichzeitig wurde die Farbwahl auf *»sage«* (salbeifarben), *»sand«* und *»smoke«* begrenzt, um eine betont ruhige Atmosphäre zu schaffen.

Im 19. Jahrhundert war das Ankleidezimmer das Refugium des Hausherrn, in das er sich von dem Pomp der Gesellschaftsräume zurückziehen konnte, um sich anzukleiden, einen Nachmittagsschlaf zu halten oder Briefe zu schreiben. Der große Stil des Landhauses durchweht auch die belgische Wohnung eines englischen Gentleman, doch wird hier die Atmosphäre durch ein paar wie zufällig im Raum verteilte, männliche Attribute aufgelockert. Für die Dekoration wählte man satte, dunkle Farben und kräftige Muster.

Die warme, intime Atmosphäre kommt zustande durch die Farbkombination von *»burgundy«* und *»tan«* (braun). Das lineare Tapetenmuster aus Eichblattmotiven stammt von einem bedruckten Kleiderstoff aus dem 19. Jahrhundert. Das gleiche Muster hat der Futterstoff der Paisley-Vorhänge mit der schweren Fransenborte, die eine Atmosphäre von Würde und Gediegenheit verbreiten. Der Querbehang mit den Faltenbögen und den lose fallenden Seitenteilen ist reich drapiert, und die Nahtstellen sind durch eine aufgesetzte Kordel verdeckt. Die gerafften Seitenschals werden von quastenverzierten Kordeln gehalten. Das Paisley-Muster der Vorhänge wiederholt sich auf der Bettdecke, der Bettrolle und dem Sitzpolster des Schreibtischstuhls. Der rötlichbraune Schimmer von Leder- und Holzflächen verbreitet eine unnachahmliche Atmosphäre von Klasse und Ungezwungenheit.

Das Ankleidezimmer hat den Vorzug, daß es direkt mit dem Bad verbunden ist. Als verbindende Elemente dienen das Paisley-Muster und die Farbkombination von *»tan«* und *»navy«* mit *»burgundy«*.

Bei der Gestaltung des prachtvollen Badezimmers ließ Laura Ashley sich von einer zeltartigen Konstruktion in einem mittelalterlichen Schloß anregen. Das Stoffzelt wird von einer vergoldeten Corona bekrönt, die aus einem Antiquitätengeschäft stammt. Die Inspiration für den sehr nobel anmutenden Regency-Fries lieferte eine Ansichtskarte, auf der eine viktorianische Badewanne der Firma Armitage abgebildet war. Außerdem erhielt die Wanne einen Anstrich in *»navy«*. Das mit Schablonen aufgemalte Muster hat die Farben *»tan«* und *»sand«*.

Dieses klassische englische Frühstückszimmer erhält seine Struktur durch die klar definierten Umrisse einiger beherrschender Raumelemente, deren dunkles Holz sich wirkungsvoll von der Tapete mit dem Spaliermotiv in einem gedämpften *»smoke«* (Rauch)-Ton abhebt. Das dreiteilige Erkerfenster hat statt der üblichen Vorhänge neben den ursprünglichen Fensterläden aus Eiche und Mahagoni, blaß gestreifte Schnapprollos, die die Scheiben bedecken. Dadurch kann das Morgenlicht ungehindert in den Raum eindringen. Statt der Vorhänge gibt es nur einen Querbehang, der lose über einer Gardinenstange vor dem Erker drapiert ist.

Auf einen Fußbodenbelag wurde verzichtet, der Boden besteht aus polierten Holzplanken. Ein Refektoriumstisch aus Eiche mit gedrechselten Beinen wiederholt die dunkle Tönung der Eichentäfelung. Die Sitzpolster der soliden, quadratischen Stühle sind primelgelb und dezent in sich gemustert, der Bezugsstoff ist mit Messingstiften befestigt. Die herabhängende Kugel des pompösen Messing-Kronleuchters im georgianischen Stil antwortet auf die kugeligen Formen der Baluster.

In den Fensternischen wurden ein paar beschauliche Sitzplätze geschaffen, wo man die Morgenzeitung lesen oder ein Nickerchen machen kann. Die Polster sind mit einem frischen Karomuster bezogen; auf den Kissen wiederholt sich das Muster der Vorhänge. Die Polsterung des Queen-Anne-Schaukelstuhls hat das gleiche Muster wie die Stühle in zwei verschiedenen Gelbtönen. Der Tisch ist zum Frühstück gedeckt. Das Bauernbrot, die Eier und die Früchte werden auf grobem, rustikalem Keramikgeschirr, auf Zinntellern und in Holz- und Tonschüsseln serviert.

Wenn man einen solchen Raum dekoriert, muß man die Grenzen kennen. Die vorwiegend funktionalen Möbel sind vollkommen auf die starken strukturalen Elemente des Raumes abgestimmt, der sowohl etwas Prächtiges wie etwas Spartanisches hat.

Das Arbeitszimmer war schon immer eine männliche Domäne. Aber heutzutage genießen die Frauen die stille, entspannende Atmosphäre der Welt der Bücher mindestens genausosehr wie die Männer. Das ist das Arbeitszimmer eines Schriftstellers, der auf dem Lande lebt. Die Tapete in *»jade«* hat eine Texturmusterung; ihr kühler aber sehr individueller Farbton unterstreicht die persönliche Atmosphäre des Raumes und schafft einen eleganten Kontrast zu der Cremefarbe von Karnies, Kamin und Lambris. Der Jadeton wird an anderen Stellen des Raumes als integrierendes Element wieder aufgenommen: von den Fransen am Querbehang und an den Vorhängen, und von ein oder zwei Chintzkissen. Er wiederholt sich auch in dem floralen Muster der Vorhänge und der anderen Kissen. Der Schreibtisch im Erker ist mit allem ausgerüstet, was man zur Arbeit braucht, mit einer alten Schreibmaschine und einem altmodischen Telephonapparat – beides noch voll funktionsfähig. Sein Gegenstück (oben links) ist aus Williamsburg, Virginia, und scheint aus der Kolonialzeit Amerikas zu stammen.

Der Sessel und das Snowdon-Sofa gehören zu den Polstermöbeln, in denen man so herrlich versinken kann. Das Muster der losen Bezüge in einem gedämpften Terracotta-Ton geht zurück auf eine Stickerei im Queen-Anne-Stil. Die traditionelle Dekoration des Kamins besteht aus einem Spiegel und und zwei Kerzenleuchtern. Ein paar exzentrische Objekte sorgen für die individuelle Note und einen Schuß Humor. Eine »römische« Büste im Kamin erinnert an die Marmor- und Gipsköpfe, die häufig Gelehrtenbibliotheken schmückten. In einer Ecke tickt eine Bahnhofsuhr traurig vor sich hin, und in einer anderen Ecke steht ein Harmonium, das zum Spielen einlädt, wenn die literarische Inspiration auf sich warten läßt. Die Bücherregale, deren Fächer einen Anstrich in *»jade«* haben, sind eine Spezialanfertigung für die seltenen Exemplare, die zur Büchersammlung des Hausherrn gehören. Zweifellos tragen Bücher viel zum Charakter eines Raumes bei, besonders wenn sie so schöne Ledereinbände haben wie diese.

»Weniger Pose, mehr französischer Geschmack und eleganter als englisch«, so beschreibt Mrs. Haweis 1882 die amerikanische Version des englischen Landhausstils. Dieses Haus in Florida wurde um die Jahrhundertwende von einem Nachfolger von Addison Mizner entworfen. Mizner war ein Bewunderer spanischer und italienischer Architektur und schuf Interieurs im großen Stil, in denen sich spanische Elemente mit französischer Raffinesse und englischer Lässigkeit mischten. Ihm gelangen Ausstattungen von überzeugender Originalität, die völlig ungekünstelt wirken.

Was dieses Wohnzimmer schon auf den ersten Blick so unenglisch erscheinen läßt, sind die von der Sonne getrockneten spanischen Bodenfliesen, auf denen große Töpfe mit Hortensien stehen. Hier hat man das Gefühl, im Freien zu sein. Auch die Vertäfelung hat sich weit entfernt von dem düsteren Eichenholz englischer Interieurs. Sie besteht aus Planken von gebleichtem Zypressenholz – als *»pecky cypress«* bezeichnet, weil es so aussieht, als hätte ein riesiger Vogel mit seinem Schnabel hineingepickt. Das Karnies ist direkt über der schmucklosen Holzverkleidung angebracht.

Vor diesem heiteren, hellen Hintergrund heben sich die von französischer Frivolität angehauchten Dekorationselemente ab – vergoldete Tische, rosa Marmor, ein bureau plat und Kommoden mit Bronzebeschlägen, ein Kristallüster und ein kerzentragender Cupido. Die solide, englische Art ist vertreten durch die formelle Fensterdekoration, die bequemen Polstermöbel und die Chinoiserien, die besonders im 18. Jahrhundert ein beliebtes Dekorationselement englischer Inneneinrichtungen waren.

Die Kunst, einen solchen Raum erfolgreich zu gestalten, liegt darin, wie man die verschiedenen Stilarten miteinander verknüpft. Hier wurde ein ganz ungewöhnlicher Weg eingeschlagen. Ein kleines, dekoratives Detail, ein Chinoiseriekissen, lieferte die Inspiration für die Farbkombination, die den Raum integriert: *»buttermilk«* und *»smoke«*.

Das Kinderzimmer ist völlig anders als die übrigen Räume des Landhauses. Es ist der kindlichen Mentalität angemessen. Doch eines haben die beiden Sphären gemeinsam: Auch hier findet man eine Menge liebgewordener, alter Sachen wie Ururgroßmutters viktorianische Puppen, einen Papierelefanten, ein paar abgewetzte Teddybären und eine moderne Flickenpuppe. Im Gegensatz zur Erwachsenenetage ist hier der Stil ehrlicher und direkter. Die Dachschrägen der Wände liefern den richtigen Maßstab und tragen zu der anheimelnden Atmosphäre bei.

Trotzdem stimmt das Stilniveau des Kinderzimmers mit dem des übrigen Hauses überein. Einige der Leitgedanken der Dekoration aus den unteren Etagen werden hier aufgegriffen; nur wird das Ganze hier lockerer und spielerischer gehandhabt. Die grandiosen, bodenlangen Vorhänge der unteren Etage, die von gedrehten Satinkordeln gehalten werden, wurden hier auf die Länge der Fenster gestutzt. Sie sind ebenfalls gerafft, haben aber statt der feierlichen Querbehänge eine mit Pink abgesetzte Scheife. Die prachtvollen Betten der unteren Etage haben ihren Gegenpart in dem stattlichen viktorianischen Kinderbett. Es ist bemalt und erinnert mit seinem Baldachin an die Vorhänge eines lit polonais. Die Vorhänge bestehen aus zwei geraden Stofflängen; sie fallen von einer runden Kuppel herab, die an der Decke befestigt ist. Das Muster aus spiralförmig umwickelten Stäben in »*smoke*« (rauchfarben), die pinkfarbene Blütenbündel voneinander trennen, stammt von einem französischen Toile aus dem 18. Jahrhundert und eignet sich vorzüglich für elegante Vorhänge und Draperien.

Das Kinderzimmer ist vor allem deshalb so hübsch, weil hier nicht geknausert wurde; die Dekoration bis hin zum Puppenwagen wurde genauso sorgfältig geplant wie die der wichtigsten Räume des Hauses. Der Fußboden zeigt das altehrwürdige Muster der Steinfußböden in traditionellen Landhäusern. Auf dem weiß gestrichenen Fußboden wurde mit Hilfe von Schablonen ein blaues Muster aufgemalt: An den Schnittpunkten eines feinen Quadratnetzes befinden sich auf die Spitze gestellte Quadrate. Die Wirkung ist außerordentlich reizvoll.

Romantik als Stil

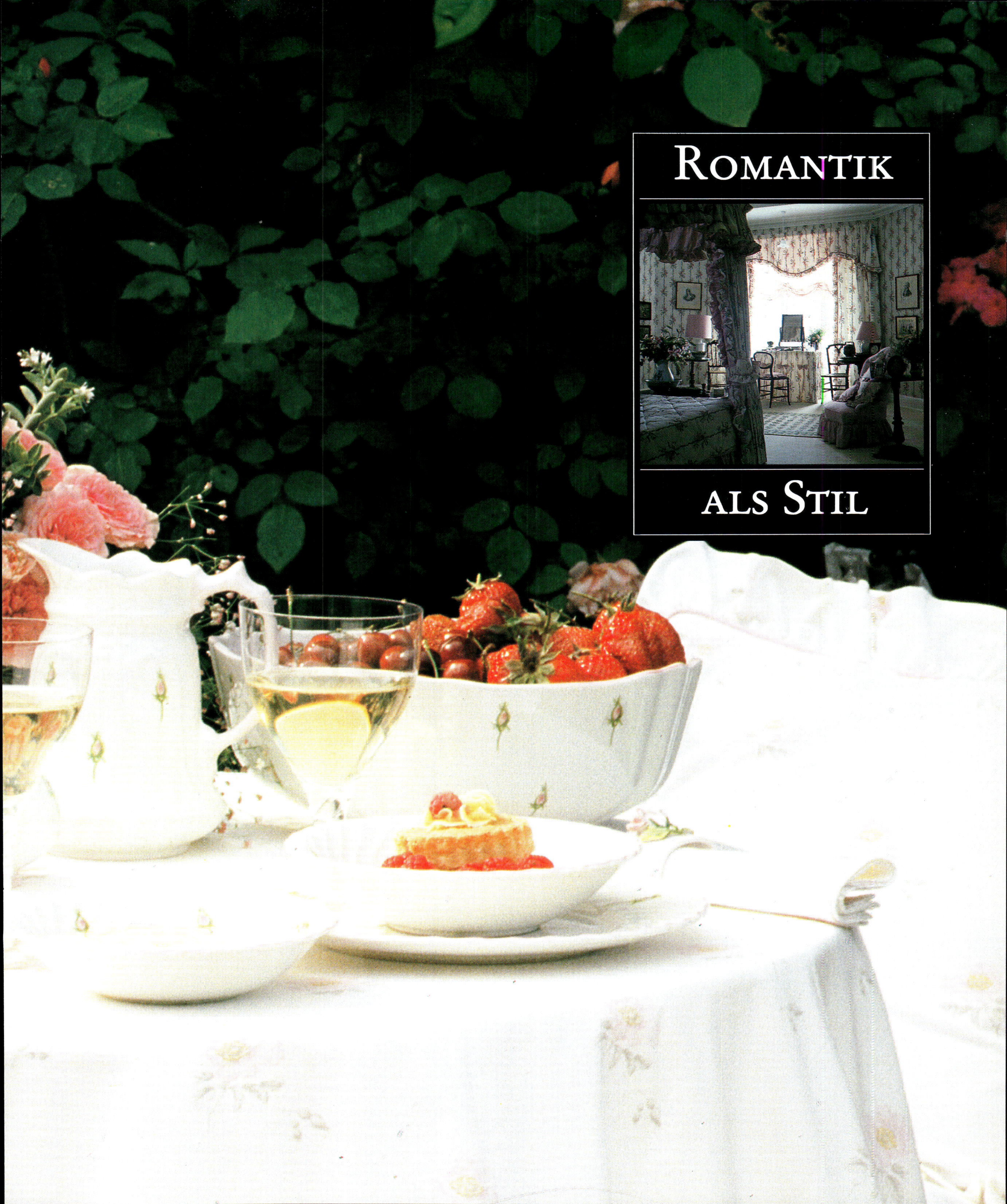

Rückblick

Blumen sind immer eng verknüpft mit dem Romantischen, ob sie die Assoziation einer pflanzenbewachsenen Laube heraufbeschwören oder den Duft eines Rosenstraußes. Die romantische Inspiration durch Blumen ist uralt und läßt sich bis ins Mittelalter zurückverfolgen. Blumenstücke wie dieses Aquarell mit Anemonen, das John Edwards 1783 schuf, waren im 18. Jahrhundert ein wichtiges Element der Innenausstattung.

Romantische Vorstellungen ziehen sich wie ein roter Faden durch die Geschichte der Innendekoration; im Entwurfsstil einiger Epochen werden sie ganz besonders deutlich.

Unsere romantischen Vorstellungen gaukeln uns eine Welt des Luxus und der Extravaganz vor, eine Welt der Künstler und Dichter; in unserer Phantasie entstehen Gartenpavillons, stoffbespannte Boudoirs und mit Spitze ausgeschlagene, versteckte Winkel, in die man sich von der Welt zurückziehen kann. Mit anderen Worten, eine Bühnendekoration, die nur noch auf die Schauspieler wartet. Die Elemente für diesen Stil können aus dem antiken Rom oder Byzanz ebenso kommen wie aus der Welt des Mittelalters, und selbst Barock und Rokoko geben einen angemessenen Rahmen. Von besonderer Bedeutung war allerdings die Mode der Neo-Gotik.

Der Wunsch, sich eine romantische Umgebung zu schaffen – ob er nun aus einer Stimmung heraus entsteht, aus der Sehnsucht nach der Vergangenheit oder nach einem fernen Land, oder ob reiner Eskapismus dahinter steckt – ist nie stärker gewesen als heute. Dekoration und Ausstattung sind das Material, mit dem man zaubern kann. □

Dieses hochviktorianische Schlafzimmer hat eine überwältigend feminine Ausstrahlung. Mit seinen hellen Farben und dem verschwenderischen Umgang mit Spitze und floral gemusterten Stoffen spiegelt es die romantische Einstellung dieser Epoche wider.

Lassen wir die Geschichte am Hof eines römischen Herrschers beginnen. Von Neros monumentalem, mit verschwenderischem Luxus ausgestatteten Haus, seinem »domus aurea«, ist wenig erhalten geblieben. Kenntnis von dem Bau haben wir hauptsächlich durch Beschreibungen diverser zeitgenössischer Autoren. Neros »domus aurea« wurde um die Mitte des 1. Jahrhunderts n. Chr. erbaut. Die Konstruktion dieses gigantischen Baus wurde erst durch eine technische Neuerung ermöglicht, nämlich durch eine Art Beton von großer Festigkeit, mit dem man diese riesigen Phantasieräume verwirklichen konnte. Das mit reicher ornamentaler Pracht ausgestattete Oktogon war eines der Wunder seiner Zeit. Es gab Decken aus Elfenbein, geschmückt mit Gold und Seide in leuchtenden Farben; komplizierte technische Vorrichtungen, mit deren Hilfe die Decke sich drehen ließ und einen Himmel mit Sternen und Planeten vortäuschte; Decken mit eingelassenen Rohren , die Parfum versprühten oder die dinierenden Gäste Neros mit Kaskaden von Blüten berieselten...

Der Innenarchitekt, der dieses Architekturwunder vollbracht hatte, war Fabullus der »ohne je einen Augenblick Pause zu machen, am ›domus aurea‹ arbeitete, die ihm zum selbstgewählten Gefängnis wurde«. Die Wände des Oktogons hatte er mit Mosaiken und Fresken schmücken lassen, die Fußböden waren aus Marmor mit Gold- und Perlmuttdekor. Neros unvergleichliche Kunstsammlung war der Höhepunkt dieses prunkvollen Raumes.

Der Geist des »domus aurea« lebte weiter in dem Großen Palast von Konstantinopel, wo die byzantinischen Herrscher während des Mittelalters Hof hielten.

Schriftliche Quellen des 10. Jahrhunderts berichten uns von der märchenhaften Pracht. Der Kaiser selbst saß auf einem riesigen goldverzierten Thron, der während der Audienzen mit Hilfe einer unsichtbaren mechanischen Vorrichtung in die Höhe gehievt wurde, so daß er von der Decke herabzuhängen schien. Zu beiden Seiten des Thrones befanden sich je zwei Bronzelöwen, die brüllten und eine bedrohliche Haltung einnahmen. Von der Decke herab hingen zwei Lüster aus purem Gold, und auf dem Tisch standen goldene Schalen, die so schwer waren, daß man sie nicht heben konnte. Die Fußböden waren mit Blütenblättern von Rosen übersät. Zum Bau des Palastes waren die kostbarsten Materialien verwendet worden, die man sich vorstellen kann. Die Wände, Fußböden und Decken waren mit Inkrustationen aus farbigem Glas, Edelsteinen und Porphyr geschmückt. Draperien aus feinster Seide hingen bis zu den Fußböden aus poliertem Silber herab.

Das Schlafgemach des Kaisers war von atemberaubender Pracht: In der Mitte des Raumes stand eine Fontäne mit Inkrustationen aus Halbedelsteinen, aus der vier Ströme von kristallklarem Wasser flossen. In die Marmorwände waren Glassteine eingesetzt, die mit Blüten und Früchten bemalt waren, und die Decke war mit Mosaiken geschmückt.

Eine derartige Prachtentfaltung erscheint uns heute wie ein Märchen. Noch in unserem Jahrhundert hat der Dichter W. B. Yeats den Glanz des byzantinischen Hofes und sein »gehämmertes Gold« gepriesen. Vielleicht hat es seitdem wirklich nie mehr Vergleichbares gegeben; auch die großartigen mittelalterlichen maurischen Paläste in Spanien, wie die Alhambra in Granada mit ihren Mosaikwänden und den gleißenden Fontänen, sind schließlich nur ein Abglanz byzantinischer Pracht.

Die illusionistische Deckenmalerei im Grünen Kabinett von Ham House, Surrey, stellt Ideallandschaften, Putti und Girlanden dar.

Die Dekoration der Amalienburg im Park von Nymphenburg, München, ist ein Meisterwerk der romantisch gestimmten Ausstattungskunst des Rokoko.

Die gemalten Phantasien der Renaissance

Was die Gestaltung und Dekoration von Innenräumen betraf, war die Renaissance eine der kreativsten und ideenreichsten Epochen Europas. Sie hat eine Vielzahl von Ornamenten und Motiven geschaffen, die von begeisterten Entwerfern späterer Jahrhunderte immer wieder aufgegriffen wurden. Die Entwicklung neuer Maltechniken und die Anwendung der Perspektive bedeuteten einen großen Fortschritt für die Malkunst. Man konnte nun auf einer glatten Wandfläche größere Wirkungen erzielen als die Römer und die Byzantiner mit ihren Inkrustationen aus Edelsteinen und ihren ausgeklügelten mechanischen Hilfsmitteln. Die Fresken, die Andrea Mantegna 1465–1474 in der Camera degli Sposi im Herzoglichen Palast von Mantua malte, sind ein frühes Beispiel und zugleich ein Meisterwerk dieser neuen perspektivischen Malweise, die den realen Raum als illusionistische Wand- und Deckenmalerei erweiterte: Gemalte, karmesinrote Damastvorhänge geben den Blick frei auf eine Landschaft des Veneto, vor der die herzogliche Familie der Gonzaga und ihre Höflinge für ein Gruppenbild posieren. Von der Decke hängen ebenfalls gemalte Girlanden herab, Putti lehnen sich über eine Brüstung und schauen neugierig auf den Betrachter hinab. Die gleiche raumerweiternde, illusionistische Malweise verlieh auch den Interieurs des Barock ganz besonderen Reiz. Diese Art der gemalten Raumdekoration wurde in Italien von Giulio Romano fortgesetzt. Er war ein Schüler Raffaels und begann 1532 mit der Ausmalung des

Saales der Riesen – der Sala dei Giganti – im Palazzo del Te in Mantua. Die Wand- und Deckenfresken erweitern den Raum durch gemalte Architekturglieder und geben den Blick frei auf den Olymp der Götter und auf die Erde im unteren Wandbereich. Sie bedecken die Decke und alle Wände des Raumes einschließlich der Tür. Wenn die Tür geschlossen ist, befindet sich der Besucher mitten im Kampfgetümmel der antiken Götter des Olymp und der Riesen, die die unteren Regionen bewohnen. Die Paläste und Höhlen der Riesen rundherum fallen in sich zusammen und scheinen in den realen Raum hineinzustürzen, während in luftiger Höhe – an der in Wirklichkeit niedrigen Decke – die erhabenen Götter in spiralförmiger Prozession zum Thron des Jupiter aufsteigen.

Die Gemälde von Watteau und seinen Zeitgenossen Fragonard und Boucher reflektieren die romantische Einstellung des Rokoko. In der Zeitlosigkeit einer Waldlichtung porträtiert er hier einen Troubador mit seiner Herzensdame bei einem der »fêtes galantes«, mit denen sich die Aristokratie des 18. Jahrhunderts die Zeit vertrieb.

Barocke Visionen

Während des 16. und 17. Jahrhunderts wurden die Architekturkonzepte immer phantastischer und merkwürdiger, denn die Bauherren spornten ihre Architekten und Ausstatter zu immer komplexeren und originelleren Entwürfen an. Es entstanden verschlungene, graziös gewundene, filigrane Ornamente, geschwungene und gegenläufige Treppen und mit Muscheln und Korallen ausgekleidete Grotten und Fontänen mit überraschenden mechanischen Effekten.

Die grandioseste aller Barockphantasien ist Versailles, das riesige Schloß Ludwigs XIV. mit seinen prunkvollen Interieurs von Charles Lebrun. Besonders erwähnenswert sind die von ihm entworfene Treppe der Gesandten und der Saal des Apollo. Am eindrucksvollsten ist jedoch die Spiegelgalerie, die Lebrun zusammen mit Charles Hardouin-Mansart 1678 vollendete. Durch die raffinierte Wechselwirkung der flirrenden Spiegel- und Glasflächen erscheint die elegant gestaltete Gartenanlage vor dem Schloß wie eine Traumvision.

Das Muster dieses Brokatdamasts von 1744 zeigt die für den Rokokodekor charakteristische, S-förmig geschwungene Linie.

Der Zauber des Rokoko

Während die hochfliegende Phantasie der Barockkünstler Dekorationen erstehen ließ, die wie pompöse Theaterkulissen wirkten, zieht man im darauf folgenden Rokoko leichte, heitere und intime Dekorationsformen vor. Der Dekorationsstil des frühen 18. Jahrhunderts ist vor allem gekennzeichnet durch die Arabeske, deren geschwungene Linie sich spielerisch und asymmetrisch auf Wandvertäfelungen, Stuck und Möbeln frei entfaltete. Das schönste Beispiel für die phantasiereichen Rokokointerieurs ist die Amalienburg im Schloßpark von Nymphenburg in München, die François Cuvilliés zwischen 1734 und 1739 schuf. Die Räume sind mit reichem silberfarbenem Schnitzdekor geschmückt; Blüten, Früchte, Pflanzenmotive, Vögel, Fische und verspielte Putti stellen die Freuden des Sommers in der Natur dar und werden von den verspiegelten Wänden vielfach reflektiert.

Das idealistisch verklärte Naturbild des Rokoko kommt vor allem in der Malerei von Fragonard, Watteau, Boucher und Lancret zum Ausdruck. Mit ihren »fêtes galantes« beschwören sie, jeder auf seine Art, eine idyllische

Landschaft mit Figuren, die so leicht gemalt sind, daß sie auf den transparenten Farbschichten zu schweben scheinen. Diese pastoralen Idyllen wurden häufig über den Türrahmen angebracht und füllten die vertäfelten, mit Golddekor geschmückten Räume mit romantischer Stimmung.

Die romantische Neugotik

Ein Aspekt des englischen Rokoko, der weiterreichenden Einfluß auf künftige Dekorationsstile haben sollte, war die Wiederbelebung der Gotik; sie erwies sich als äußerst fruchtbare Inspirationsquelle für Architekten und Entwerfer. Wie kam es, daß dieser Stil in einer Zeit, die sonst auf Vernunft und Mäßigung baute, die Phantasie und Vorstellungskraft derartig beflügelte? Kenneth Clark untersuchte das Phänomen und versuchte eine Erklärung in seinem Buch *The Gothic Revival* von 1928:

> »Jeder romantische Stil verrät die Wunschträume seiner Urheber, zeigt die utopische Welt, in der sie in ihrer Phantasie leben ... wenn das Leben grausam und ungewiß ist, streben Geist und Phantasie nach klassischer Ausgewogenheit und Ruhe. Wenn aber die Gesellschaft in Ruhe verharrt, dürstet die Phantasie nach Betätigung ... Und die Gotik war exotisch, und auch zeitlich sehr weit entfernt ... sie hatte Werte aufzuweisen, mit denen man sich identifizieren konnte und bot außerdem interessante Dekorationsformen. Nichts war besser geeignet, den übersättigten Gaumen des 18. Jahrhunderts zu kitzeln.«

Die Gotik inspirierte den romantisch gestimmten Entwurfsstil der zweiten Hälfte des 19. Jahrhunderts. Für sein Haus Strawberry Hill, Middlesex, entwarf Horace Walpole diese Phantasiedecke aus Papiermaché. An die Wände hängte er Kopien von Holbeinporträts. Sein Bett steht in einer abgetrennten Koje an der Schmalseite des Raumes, die an die Privatplanetarien der Feudalherren des Mittelalters erinnert.

Zwei Persönlichkeiten, deren Gaumen die romantische Stimmung der Gotik offensichtlich kitzelte, waren Horace Walpole und William Beckford. Walpoles Villa Strawberry Hill, Twickenham, ist als reines Schaustück konzipiert worden. Zur Innenausstattung gehörten unter anderem ein Fächergewölbe aus Papiermaché – die Kopie eines mittelalterlichen Gewölbes – und ein Schlafzimmer mit malvenfarbener Tapete. Die Details waren zwar mit antiquarischem Eifer konzipiert worden, aber im großen und ganzen war das Haus ein phantasiereiches Gemisch aus klassizistischen und Rokokoelementen und Chinoiseriemotiven. Walpole liebte vor allem die »reizenden Unregelmäßigkeiten«; die Asymmetrie war das Mittel, sie zu erreichen.

Ein noch prächtigerer eklektischer Mischmasch war William Beckfords Gothic Fonthill Abbey in Wiltshire, ein Bau, den James Wyatt zwischen 1796 und 1818 nach Beckfords eigenen Entwürfen erbaute. Beckford wollte damit eine mittelalterliche Abtei neu erstehen lassen. Ein eindrucksvoller oktogonaler Raum war mit malvenfarbenen Draperien dekoriert, und die Fenster waren mit Darstellungen von historischen Szenen aus farbigem Glas in leuchtend bunten Farben geschmückt, wobei auch hier die antiquarische Genauigkeit nicht über einen flüchtigen visuellen Eindruck hinausging.

Der Stil der Möbel war französisches Rokoko. Die am häufigsten verwendete Farbe war ein sehr unklösterliches Pink. Im Verhältnis zu seiner enormen Größe war Fonthill sehr leicht gebaut; 1825 stürzte ein 100 Meter hoher Turm ein, was schließlich zur Zerstörung des ganzen Gebäudes führte. Trotzdem verdient Fonthill Beachtung als der Versuch eines Mannes, seinen romantischen Traum zu verwirklichen.

Nach der Mitte des 18. Jahrhunderts erschienen auch an bürgerlichen Häusern Spitzbogenfenster und bewegliche Fensterscheiben, und die Schmuckelemente wurden zunehmend leichter und zerbrechlicher. Begleitet wurde dieser Stilwandel von einer allgemeinen Hinwendung zum mystischen, goldenen Zeitalter der Ritterschaft, das das englische Kunsthandwerk seit dem 17. Jahrhundert mehr oder weniger stark beeinflußt hat. Die Schwärmerei für das Mittelalter ging so weit, daß in Parks und Gärten alle möglichen Arten von Ruinen gebaut wurden, um den romantischen Charakter der Landschaft zu vervollständigen.

In Frankreich versuchte zur gleichen Zeit Napoleon, seine eigenen romantischen Ideen zu verwirklichen. Er hatte die Kronen seines neuen Europa an seine diversen Familienmitglieder verteilt und jedes mit einem pompös ausgestatteten Palast bedacht. Dabei hatte er keine Kosten gescheut, denn es sollte ein Dekorationsstil geschaffen werden, der ihm für sein glorreiches Imperium angemessen erschien. Königin Hortense zum Beispiel hatte ein Boudoir, das wie ein Zelt mit gefälteter blauer Seide bespannt war.

In Frankreich dauerte die Romantik in Kunst und Literatur noch über die Mitte des 19. Jahrhunderts an und endete mit der Fin-de-siècle-Stimmung, wie sie Baudelaire vertrat. In England machte sich die Romantik auch in der Literatur durch eine sehr phantasiereiche Strömung bemerkbar, die einen starken und lang anhaltenden Einfluß auf die Geschmacksbildung schlechthin ausübte. Das Streben nach Harmonie zwischen Mensch und Natur ist das Grundthema von Dichtern wie Wordsworth, Coleridge, Blake, Byron, Shelly und Keats. Vor dem Hintergrund der romantischen Literatur haben sich im Bereich der dekorativen Künste einige Persönlichkeiten hervorgetan, zu denen vor allem Sir John Sloane gehört, dessen ausgefallenste Kreation die Innenausstattung seines eigenen Hauses war.

Mit dem Ausmaß seiner gotisch inspirierten Ausstattung von Fonthill Abbey übertraf William Beckford Walpoles phantasievolle Dekoration von Strawberry Hill bei weitem. Dieses Aquarell zeigt das südliche Ende der St.-Michaels-Galerie, die in einem kapriziösen Pink-Ton dekoriert ist. Die Ausstattung weist alle wesentlichen Elemente der Gotik auf. Der zeitgenössische Entwurf einer Dekoration (links) erinnert an die neugotische Ausstattung von Fonthill.

Mit dem Ende der Georgian Epoche in England wurden die gotischen Stilelemente einfacher und nüchterner. Auch A. W. N. Pugin vertrat diese Richtung. Bauten wie Strawberry Hill und Fonthill Abbey waren für ihn romantische Frivolitäten. Bei seinen eigenen Entwürfen orientierte er sich mehr an den etwas schwerfälligen, mit Golddekor verzierten Formen des viktorianischen Stils. Überbleibsel der romantischen Richtung waren allenfalls noch in den Gemälden der Präraffaelitischen Bruderschaft zu erkennen, auf denen Figuren wie Ophelia, Lorenzo und Isabella oder Themen der Artus-Legende und der höfischen Liebe dargestellt sind. Die Kultur des späten 19. Jahrhunderts wurde stark von der Sinnlichkeit und der Dekadenz der Wagnerschen Kunst beeinflußt. Die Kunst war besser als das wirkliche Leben, die kunstvolle Täuschung besser als die Wirklichkeit. Kleide und umgib dich mit Phantasie – das war die Botschaft von J. K. Huysmans Roman *A Rebours* von 1884:

> »Schließlich entschloß er sich, die Wände, wie man es gewöhnlich mit Büchern tat, mit grobkörnigem, knittrigem Marokkoleder zu verkleiden . . . als die Wandverkleidungen fertig waren, ließ er die Profile und die hohen Sockel indigoblau lackieren . . . die Decke, die leicht gewölbt war, wurde ebenfalls mit Marokkoleder ausgeschlagen; und in der Mitte der Decke, auf dem orangefarbenen Leder wurde ein Stück königsblaue Seide angebracht, das kreisrund war und wie ein Fenster aussah, durch das man den Himmel sehen konnte. Die Seide stammte von einem alten Priestergewand und war mit fliegenden Seraphim geschmückt, die die Weberzunft von Köln mit Silberfäden in den Stoff eingewebt hatte.«

Das Modernistische verbindet sich mit dem Romantischen in diesem Interieur der Glasgow-Schule von George Logan, einem Zeitgenossen von Charles Rennie Mackintosh. Logan nahm das romantischste aller Motive, die Rose, und brachte sie auf allen zur Verfügung stehenden Flächen an. Durch die Kombination von gewundenen Linien, gedämpften Farbtönen und floralen Motiven entstand eine Atmosphäre, die genauso romantisch ist wie die von Watteaus »fêtes galantes«, die fast 200 Jahre älter sind.

Der Ästhetizismus und der Jugendstil (Art Nouveau) waren die letzten wirklich romantisch gefärbten Stilarten, bevor in den zwanziger Jahren die Moderne einsetzte. Das Pfauenzimmer, eine japanisch beeinflußte Innenausstattung in Blau und Gold, bei der J. A. M. Whistler Lack mit Seide kombinierte, gehört zu den ästhetisch erfreulichsten Interieurs. Wenn man von Jugendstil spricht, muß man die Namen von drei großen und sehr verschiedenen Entwerfern erwähnen, deren Ideen besonders originell und eigenständig waren. Der Belgier Victor Horta ist bekannt für seine weich geschwungenen Eisenornamente und für die Abwandlung zierlicher Rokokomotive. Der Schotte Charles Rennie Mackintosh setzte auf die extreme Betonung der Vertikalen, angeregt von keltischen und japanischen Formen, und Bauhausideen vorwegnehmend. Der Spanier Antonio Gaudi schuf in der ersten Dekade des 20. Jahrhunderts in Barcelona einen Wohnblock mit den originellsten Ausstattungen der Nachkriegszeit.

Dieses exotisch anmutende Art-Nouveau-Gewebe von 1899 verdient es, mit den aufwendigen Textilmustern des Rokoko verglichen zu werden. Auch hier wirbeln Arabesken in aufsteigender und abfallender Linie über die Fläche; auch hier die stilisierten Pflanzen- und Vogelmotive. Die Pfauen erinnern an die Arbeiten von Fin-de-siècle-Künstlern wie McNeill Whistler.

Das Unsinnige wird salonfähig

Nach dem Ersten Weltkrieg gingen die Anregungen für die Gestaltung romantisch inspirierter Interieurs fast ausschließlich von der Bühnendekoration aus. Alexandre Benois und Léon Bakst schufen eine Reihe aufsehenerregender, farbenprächtiger Ausstattungen für die Aufführungen der »Ballets Russes«; vor allem für *Scheherazade* und *La Princesse enchantée.* In den zwanziger Jahren war in England wieder ein unbekümmerter und heiterer Stil eingekehrt, der seinen Höhepunkt in den Kostümfesten und den eleganten »fêtes champêtres« von Malern und Entwerfern wie Rex Whistler und Oliver Messel hatte. Cecil Beaton dekorierte sein Haus in Ashcombe, Wiltshire, ganz nach seinem extravaganten, verschwenderischen Geschmack, der einmal als eine »Art Narretei des 20. Jahrhunderts« bezeichnet wurde. Die Atmosphäre in Beatons Haus scheint ähnlich gewesen zu sein wie die, die Simon Harcourt-Smith in seinem Roman *The Last Uptake* von 1914 beschreibt, der leider in Vergessenheit geriet:

> »Die Grotte war wie ein Schneckenhaus gestaltet: schmale Gänge führten in Windungen von einem Raum zu anderen. Ein Raum sah aus wie der Audienzsaal des Schneekönigs, ein anderer, perlfarben ausgestatteter Raum muß der Festsaal der Venus gewesen sein . . . in einem der Wandleuchter, der aus Zweigen des Korallenbaumes und aus Muscheln gemacht war, steckte noch eine Kerze . . .«

All das waren überspannte Spielereien einer nicht arbeitenden Oberschicht, die entschlossen war, sich zu amüsieren und sich zwischen den Stürmen der beiden Kriege in Phantasieträume zu flüchten. Weltflucht ist der Kern romantischer Phantastereien. Der Eskapismus der Massen um die Mitte des 20. Jahrhunderts wurde ermöglicht durch die silbrige Leinwand und die Produkte der großen Traumfabrik Hollywood. Die Interieurs aus Schlagsahne und Seide, die charakteristisch waren für die Filmkomödien von Carole Lombard und Katherine Hepburn, wurden zum Vorbild für alle.

Eine der Nebenwirkungen von Massenmedien ist die, daß sie stereotype Bilder schaffen, wodurch die Vielfalt individueller Phantasievorstellungen in dem gleichen Maße abnimmt, in dem sich das sich ständig wiederholende Bildreper-

Dieses europäische Interieur ist in dem überladenen Stil dekoriert, der um die Mitte des 19. Jahrhunderts modern war. Der Pfau, die diversen orientalischen Artefakte, die allgegenwärtige Palme, der prächtige Vorhang, die schweren Fransen und die Kacheln, die den Kamin umrahmen, unterstreichen die opulente Atmosphäre.

»Romantisch« ist das einzig passende Wort, wenn man dieses um 1840 von François-Etienne Villeret geschaffene Ankleidezimmer einer Pariser Wohnung charakterisieren will. Die floral gemusterte, gefältelte Seidenbespannung schafft eine außerordentlich luxuriöse Atmosphäre, die unterstrichen wird durch die zierlichen, zum Teil bemalten Möbel. Die Einrichtung erinnert an die Stilepochen Louis XIV. und Louis XV., sie ist typisch für den eklektischen Geschmack, der um diese Zeit in französischen Interieurs vorherrschte.

Der Entwurf für das Schlafzimmer von Fay Dunaway in ihrem Londoner Haus ist ein Beispiel für romantische Träumereien von heute.

toire einprägt. Andererseits gelingt es romantisch gestimmten Individuen immer wieder, sich eine wirklich originelle Umgebung zu schaffen. Ein Beispiel ist das von Martin Johnson entworfene Haus für den Maler Graham Ovenden in Barley Splat, Liskeard, Cornwall. Ovenden und Martin verwendeten ausschließlich einheimische Materialien und schufen ein traumhaft schönes viktorianisches Märchenhaus mit Granitwänden, Sprossenfenstern und farbigen Dachziegeln. Der Hauptraum, der etwa im Mittelpunkt des Hauses liegt, ist dem Meister der Erfindung und Autor des viktorianischen Kinderromans *Alice im Wunderland*, Lewis Carroll, gewidmet. Auf den farbigen Glasfenstern, die Peter Blacke entwarf, sind Szenen aus Carrolls Kindergeschichte dargestellt.

Der Unterhaltungswert ist wichtiger als der Gebrauchswert. Vielleicht ist das das wesentliche Element des romantischen Stils unserer Zeit. Es ist die Macht des Zauberstabs der guten Fee, die das Gewöhnliche des Alltags ins Ungewöhnliche verwandelt. Der gleiche Grundgedanke steckt auch in Laura Ashleys Worten:

> »Wer will, kann seinen gesamten Lebensraum in ein Treibhaus voller Pflanzen verwandeln oder in ein Bühnenbild, in dem nur noch die Schauspieler in ihren Phantasiekostümen fehlen. Heute würde sich niemand mehr über so etwas wundern. Schließlich ist das Unsinnige endlich salonfähig geworden.«

Da heutzutage das Angebot an Innenausstattungsartikeln so vielfältig ist, kann jeder seinen romantischen Träumereien nachgeben und die Farben, Stoffe und Einrichtungsgegenstände nach seinem eigenen Geschmack kombinieren. Ob es die Welt der Ritter mit Pavillons und zeltartigen Stoffbespannungen ist oder eine Welt aus Spitzen, Rüschen und Blumen, die man sich erträumt, ist gleichgültig, wichtig ist die Verwirklichung persönlicher Wunschträume – Laura Ashley nennt sie das »Unsinnige«. Aus ihnen erwachsen häufig die schönsten Einrichtungsideen.

Diese Wandmalerei, die man auf den ersten Blick für eine Arbeit des 17. Jahrhunderts halten könnte, stammt von 1936. Sie wurde von Rex Whistler ausgeführt und gehört zu einer Serie von Wandmalereien im Speisezimmer von Plas Newydd, Anglesey, die Sir Philip Sassoon in den späten dreißiger Jahren in Auftrag gegeben hat und die den zeitlosen Charakter romantischer Ideale perfekt widerspiegelt.

Laura Ashley

Der romantische Einfluß bereichert unser Alltagsleben durch Phantasie. Er verführt uns, unseren Wünschen nachzugeben und uns extravagante, gewagte Dekorationseffekte zu gestatten. Anregungen bieten uns vergangene Stilepochen – wie dieser mittelalterliche Pavillon –, die wir zu einem ganz persönlichen Stil verwandeln können.

Laura-Ashley-Entwürfe wurden lange mit dem nostalgischen Romantizismus des viktorianischen England identifiziert, einer Welt von Spitzendecken und Rosen. Sie machen aber auch möglich, daß jedermann durch eigene Kreativität seine Phantasien Wirklichkeit werden läßt. »Der romantische Stil ist der Tagtraum dessen, der ihn verwirklicht.« Dies wird weitgehend akzeptiert. Es kann die Weiblichkeit eines Schlafzimmers in blassem Pink mit reichlich Schmuck an Chintzrosen ebenso unterstreichen wie die ausschweifende Opulenz zeltförmiger Boudoirs aus »1001 Nacht« oder die Kühle eines blumenübersäten Zufluchtsorts, der vor Tropenhitze schützt.

Für Laura Ashley liegt der Schlüssel für das Gestalten solcher Stimmungen im feinabgestimmten Zusammenspiel von Farben, herrlichen Geweben und einfühlsamen letzten Handgriffen, deren Verbindung eine Aura zurückhaltender luxuriöser Extravaganz schafft. Ein gotisches Badezimmer wird in eiscremeartigen Tönen von Pistaziengrün und Rosa gestrichen, wohingegen ein intimes Studio durch lebhaftes Scharlachrot dramatischen Reiz erhält. Weich fallendes Musselin über dem Kopfende eines Bettes, üppige Spitzen in sahnefarbenem Weiß, Stoffe mit üppigen Blumengirlanden und Bänderschmuck – aus diesem Stoff sind die Träume, die den Alltag romantisch verbrämen. □

Der Wintergarten ist die Verbindung zwischen Haus und Garten. Dieses hübsche Beispiel gehört zu einem Schloß in Nordfrankreich und wurde vor etwa 100 Jahren entworfen. Das Muster der Tischdecke besteht aus kleinen Blumensträußen und gewundenen Bändern – in ihm spiegelt sich die Blumenfülle des Gartens wider. Eine friedvolle, romantische Ecke, in der man sich – urbritisch – Erdbeeren mit Schlagsahne schmecken lassen kann.

Ein durch und durch romantisches Schlafzimmer in einem weichen Pinkton, das um ein prunkvolles Rosenbett herum komponiert ist. Dieser Raum ist eigentlich die Erweiterung des alten Rosengartens, den man ursprünglich vom Fenster aus sehen konnte. Die intime Atmosphäre des Raumes und der Schmelz der Farben wurden hier mit sicherem Stilempfinden durch das hinreißende Baldachin-Himmelbett ergänzt. Es wurden nur zwei Druckmuster verwendet, ein Haupt- und ein Nebenthema. Beide sind so im Raum verteilt, daß eine Einheit geschaffen wird, ohne Monotonie zu erzeugen. Die Bettdecke, der Baldachin und die Fenstervorhänge haben das gleiche Muster, sie sind über und über mit voll erblühten Rosen bedeckt; auf dem Behang am Kopfende des Bettes, dem Futter des Baldachins, dem Sofa, dem Hocker und dem Schemel sind Rosenknospen verstreut. Beide Drucke haben als Grundmuster ein Spaliermotiv, das sie einander annähert, auf den Kissenbezügen sind beide in bunter Mischung vertreten. Rosen wuchern überall, sind aber nicht in unangenehmer Weise dominierend. Ein Gegengewicht zu der romantischen Stimmung sind die glatten, in hellem Muschelrosa getünchten Wände, deren einzige Dekoration eine Bordüre aus Rosengirlanden ist, die das Thema aufnimmt und weiterführt. Aber nicht alles ist pinkfarben. Der samtbezogene Hocker und ein vorwiegend blauer Teppich sind farbliche Gegengewichte. Wenn man einen solchen Raum ausstattet, muß man wissen, wieviel von den einzelnen Dekorationselementen er verträgt.

Vorhänge und Kissen sind mit Volants und Rüschen besetzt. Ein dunkleres Pink in den Bildern setzt Akzente; ein kleiner, mit Bandornamenten geschmückter Schreibtisch vervollständigt die kapriziöse Ausstattung. Ein dekorativer Blumenstrauß aus Pfingstrosen und weißen Lilien steigert die Wirkung dieses Blütentraumes.

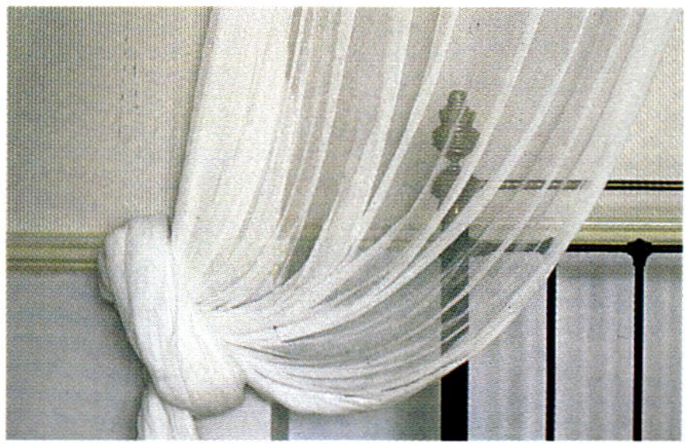

Dieses Schlafzimmer mit angrenzendem Bad in einem Landhaus in West Country gab den Ausstattern die Möglichkeit, die Dekoration der beiden Räume aufeinander zu beziehen, ohne das Verbindende zu sehr zu betonen. Weiß und Saphirblau sind die verbindenden Farben; im Schlafzimmer kommt ein frisches Primelgelb dazu. Die verbindenden Elemente durften nur sehr dezent angedeutet werden, denn jeder der beiden Räume hat seinen eigenen Charakter. Im Schlafzimmer herrscht durch den weich drapierten Musselin eine zarte, romantische Stimmung vor, während im Bad – trotz der gleichen anmutigen Fensterdekoration – der Kontrast von hartem Weiß und *»sapphire blue«*, der auf den gestreiften Sitzpolstern in der Fensternische besonders gut zum Ausdruck kommt, eine frische, kühle Atmosphäre schafft.

Im Schlafzimmer wiederholt sich das sommerliche Himmelblau der Decke im Lambris. Das prosaische Anschlußkabel des grazilen schmiedeeisernen Kronleuchters mit den filigranzarten Armen ist unter einer Musselindraperie verborgen. Erstaunlicherweise ist es kein modernes Stück, sondern die französische Kopie eines Originals aus dem 17. Jahrhundert. Das schmiedeeiserne Bettgestell stimmt in seiner graziösen Form mit dem Kronleuchter überein. Die Anmut und die Leichtigkeit dieses bezaubernden Raumes werden betont durch den weißen Lloyd-Korbstuhl, den ungestrichenen Fußboden und die federleichten Musselindraperien am Kaminsims, am Kronleuchter und am Kopfende des Bettes. Die Bogennische hinter dem Bett ist der perfekte Hintergrund für die transparenten Musselinwolken.

Was könnte romantischer sein, als ein viktorianisches Morgenzimmer, in frühes Morgenlicht getaucht, mit französischen Fenstern, die sich zum Garten öffnen und zu einem Spaziergang im taufrischen Gras nach dem Frühstück einladen. Was läge näher als »Garten« und »morgendlicher Sonnenschein« zum Thema der Dekoration zu machen? Man wählte Primelgelb als dominierende Farbe und tauchte den Raum in eine Flut von goldenem Licht. Gelb ist die in sich gestreifte Tapete, und gelb sind die voll erblühten Rosen auf den Chintzvorhängen und auf dem Sofabezug. Die Fenster wurden – ihrer Bedeutung entsprechend – mit besonderer Sorgfalt dekoriert. Die Querbehänge sind in lose Falten gelegt; die Seitenschals sind weich gerafft. Sie wischen über den Boden und sind mit einer Schärpe aus dem gleichen Stoff zurückgebunden. Das Rosenthema wird von einer Girlandenbordüre am Karnies aufgenommen, die einen lebhaften Kontrast zu den zarten Streifen der Tapete darstellt. Auch der Teppich ist gelb. Ein paar kräftige dunklere Farbakzente, wie die laubgrüne Tischdecke mit gleichfarbiger Fransenborte und goldfarbener Litze, schaffen Hell-Dunkel-Kontraste, durch die die Lichtwirkung der gelben Farbe besonders betont wird. Ein altmodischer viktorianischer Stuhl mit löffelartig gebogener Lehne und ein Hocker vervollständigen die Vielfalt der Texturen und Farbtöne. Besonders schön sind die beiden identischen Teppiche, auf denen sich eine Fülle von nuancenreichen Gartenblumen in Arabesken über die gesamte Fläche windet, als sei der Garten in den Raum hineingewachsen.

Ein geradliniger Holzstuhl wird durch einen rüschenverzierten, gepolsterten Überzug in einem feinen Karomuster dem Ambiente angepaßt. Auf dem Eckschrank, dort wo man im allgemeinen kaum hinschaut, hat ein mit Lorbeer bekränztes Art-Déco-Liebespärchen seinen Platz gefunden. Im Innern des Schrankes ist eine Sammlung von Porzellanfiguren ausgestellt, die den femininen Charakter des Raumes betont. In kleinen Szenen sind die Freuden des Verliebtseins und die Wonnen des häuslichen Lebens dargestellt.

Bei diesem Boudoir mit den zeltartig gespannten Stoffbahnen wurde den romantischen Phantasien freier Lauf gelassen; sie wurden in ihrer ganzen Fülle und Fremdartigkeit voll ausgeschöpft. Alles sieht ungeheuer verschwenderisch und aufwendig aus, ist aber in der Asuführung verhältnismäßig einfach. Der Raum wurde aus einer dieser kleinen, zwischen den Stockwerken gelegenen, uninteressanten Räumlichkeiten geschaffen, die man so oft in Londoner Häusern findet. In den asymmetrischen Alkoven wurde durch üppige Draperien zusätzlicher Stauraum geschaffen. Romantische Ausstattungen bedienen sich gern solcher Täuschungen und Kunstgriffe.

Vorbild für die Deckendekoration war einer der frühesten erhaltenen Entwürfe für ein englisches Interieur mit zeltartig drapierten Stoffbahnen um 1800.

Die spektakuläre Wirkung ist beabsichtigt, sie wurde dadurch erreicht, daß der gesamte Raum mit dem gleichen Stoff dekoriert wurde. Es ist ein sattgelber Stoff mit feinen roten Streifen in *»crimson«* (karmesinrot) und kleinen Rosenzweigen. Das Muster geht auf eine handbemalte Seide aus dem 18. Jahrhundert zurück, die sich im Whitworth Museum in Manchester befindet. Der Raum wirkt wie ein kostbares Juwel; die Ottomane unter dem Fenster betont den orientalischen Charakter, denn der Einfluß des Orients ist ein wichtiges Element romantischer Interieurs.

Ein durchbrochener ägyptischer Messingständer unterstreicht die geheimnisvolle Stimmung. Die Metallagraffen, von denen die Raffung der Vorhänge gehalten wird, stammen aus viktorianischer Zeit. Der kleine Schreibtisch ist eine Kuriosität; es ist ein Krankenhausnachttisch aus dem frühen 19. Jahrhundert, in den die verschiedensten Mechanismen eingebaut sind. Man kann die Platte höher, niedriger oder schräg stellen, wenn man im Bett lesen oder schreiben will. Die Kerzenhalter an den Ecken bleiben bei jeder Lage der Tischplatte in senkrechter Position.

In diesem ungewöhnlich luxuriösen Bad wurde die romantisch gestimmte Neugotik mit dem uns vertrauteren floralen Dekor kombiniert. Bei der Gestaltung des Raumes konnte man von seinen natürlichen Vorzügen ausgehen, seinen ungewöhnlichen Ausmaßen und dem herrlichen Erkerfenster. Diese Situation wurde voll ausgeschöpft und die Fensternischen als Sitzecken ausgenutzt. Die Vorhänge mit den kleinen Ebereschenzweigen sind mit Rüschen und roséfarbenen Paspeln besetzt, die Schabracken mit Schleifen und Rosetten im Regency-Stil. Die fußbodenlangen Tischdecken aus dem gleichen Stoff geben einen wirkungsvollen Untergrund für die persönlichen Erinnerungsstücke, die Photographien in Silberrahmen, die Spiegel und die Puderdosen. Unter der Tarnung verstecken sich einfache Gartentische.

Die Stimmung von viktorianischer Gotik wird erreicht durch die dominierende Farbe, das weiche Jadegrün, und durch die stilisierten »gotischen« Spitzbögen, die dem Raum seinen besonderen Charakter verleihen. Die Bögen, die die tiefen Nischen rahmen, in denen sich Waschbecken und WC befinden, sind mit einem helleren Ton von Jadegrün abgesetzt. Hier wurde »jade« mit *»white satin gloss«* (Weiß-Satin-Schleiflack) gemischt. Auch das Karnies, die Badewanne und die Vertäfelung unter dem Waschbecken sind mit dem hellen Jadegrün abgesetzt. Durch die Nischen werden WC und Waschbecken diskret vom übrigen Raum abgetrennt, damit sie den Badegenuß nicht beeinträchtigen. Dennoch sind sie nicht schmucklos. In der Nische mit dem Waschbecken befindet sich ein auffallend schöner Spiegel, von zwei Appliken flankiert. Sie fungieren nicht als traditionelle Kerzenhalter, sondern halten Eau-de-Toilette- und Aftershave-Flaschen. Die WC-Nische ist mit Bildern ausgestattet, deren Rahmen aus Muschelinkrustationen bestehen – eine Anspielung auf das Grotteske. Weitere »gotische« Elemente in dem Raum sind der schwere Hocker mit den scherenförmig gekreuzten Beinen und ein Tapisserie-Stellschirm, Zeuge des Reichtums vergangener Zeiten. Durch die gerafften Vorhänge werden die drei Erkerfenster zu einer Einheit zusammengefaßt, die das räumliche Gleichgewicht mit der Nischenwand wieder herstellt.

Mit viel Phantasie wurde hier ein einfaches Bett in eine bezaubernde laubenartige Nische verwandelt. In einem so kleinen Raum würde ein Vierpfostenbett klobig und übermächtig wirken, daher wurde das Bett in die Ecke gestellt und quer darüber ein Baldachin konstruiert. Damit wurde Platz gespart und die gleiche poetische Wirkung wie bei einem Himmelbett erzielt. Die Idee stammt von einem Aquarell von Marcel Blairat aus dem 19. Jahrhundert. Der Chintz ist mit Wickelblüten in einem dunklen Pink und mit Ranken in *»jade«*-Grün bedruckt und harmoniert mit dem *»seagreen«* der texturierten Tapete. Die Bettvorhänge und die Bettdecke sind ebenfalls aus Chintz; der dicht gerüschte Bettbehang und die mit Rosetten verzierte Faltenanordnung des Querbehangs wurden nach einer Vorlage aus einem Musterbuch für Polsterer um 1850 gestaltet.

Ein wichtiges Detail ist der Druck, der unter dem Baldachin hängt; er zieht den Blick auf sich und vertieft die Nische. Der dunkle Pinkton der Wicken wird von dem Kordelmotiv der Tapetenbordüre wieder aufgenommen. Der untere Teil der Bordüre wurde abgeschnitten, so daß das bogige Kordelmotiv direkt an die Tapete grenzt. Die Borte ist verhältnismäßig schmal, wirkt in diesem Zusammenhang aber breit genug.

Die übrige Ausstattung des Raumes ist unauffällig und hübsch. Das Wickenmuster wiederholt sich auf den Sitzpolstern der Stühle und auf dem volantverzierten Kissenbezug; es wirkt den geraden Kanten der Möbel entgegen. Der Frisiertisch ist mit einem bodenlangen Chintzbehang verkleidet, die kleinere Chintzdecke darüber ist mit einer schmaleren Spitzenborte abgesetzt. Auf dem Frisiertisch liegen ein paar eigenartige viktorianische Accessoires. Der Toilettenspiegel im Regency-Stil ist aus Wurzelholz; er hat drei Schubladen für Puderquasten und Schmucksachen. Alle Möbel, außer dem viktorianischen Mahagonisessel, sind aus Buche und mit viktorianischen Schmuckmotiven bemalt. Der Waschtisch mit Kanne und Schüssel ist ein reizvoller Akzent; darüber hängt eine unfertige, kostbare Stickerei auf elfenbeinfarbenem Satin, die um 1700 begonnen wurde.

»Romantisch« ist nicht immer gleichbedeutend mit Blumen und muß auch nicht feminin wirken. Es kann auch bedeuten, einen extravaganten Einfall voll auszuschöpfen, wie es bei diesem scharlachroten Arbeitszimmer geschehen ist. Das Resultat ist ein Phantasieraum, der zugleich sehr wohnlich ist. Der erstaunliche Effekt wurde dadurch erzielt, daß zwei ganz gewöhnliche Materialien auf ungewöhnliche Art und Weise verwendet wurden, nämlich Farbe und Chintz. Das Geheimnis liegt darin, daß mit beiden verschwenderisch umgegangen wurde. Alles, absolut alles, ist scharlachrot. Es ist schon ungewöhnlich genug, Wände leuchtend rot zu streichen, aber hier wurde sogar die Vertäfelung rot gestrichen. Am gewagtesten war der Einfall, auch den Kamin rot zu streichen, als Kontrast zu der schwarzen Kaminöffnung mit den züngelnden roten Flammen.
Auch die kleinsten Details wurden in die Farborgie einbezogen: der hölzerne Kronleuchter und die Kerzenleuchter mit den kleinen Schirmen auf dem Kaminsims.

Die Regel, daß ein einziger Effekt, wenn man ihn wiederholt einsetzt, besonders intensiv wirkt, gilt auch für den Dekorationsstoff. Für das Sofa, den Bibliotheksstuhl, den gefältelten Lampenschirm, die Tischdecken und sogar für das große Kissen im Hundekorb (der Hund ist natürlich ein Red Setter) wurde der gleiche rote Chintz verwendet. Chintz ist der romantischste aller Stoffe und wird gewöhnlich mit Blumenmustern in Verbindung gebracht, aber hier zeigt sich, daß man mit ungemustertem Chintz ähnlich exquisite Wirkungen erzielen kann.
Es wurde ein Raum geschaffen, dessen Atmosphäre sich erst am Abend entfaltet, wenn der Glanz des Stoffes im sanften Licht der Kerzen voll zur Geltung kommt. Es entsteht ein dramatisches Chiaroscuro, und die Schattenwirkung vertieft den Rotton des Chintz. Echte Schattenwirkungen hingegen, die die Farbe verdunkeln, entstehen bei schwereren Geweben, die das Licht absorbieren, wie der Kelim auf dem roten Teppichboden, die antiken Kissen in Gold und Rot auf dem Sofa, die drapierten Vorhänge, die dunklen Samtpolster der Stühle und vor allem die weichen, schweren Falten des Tischteppichs auf dem Schreibtisch. Die dichten roten Fransen an Sofa, Tischteppich und Vorhängen unterstreichen die Vielfalt der Texturen.

Diese Veranda eines Hauses in Florida ist das tropische Gegenstück zum Wintergarten – mit umgekehrtem Vorzeichen. Im Wintergarten sollen sich Licht und Wärme auf die Pflanzen konzentrieren; hier soll ein kühler, schattiger Raum geschaffen werden. Aber das Dekorationsproblem bleibt in beiden Fällen das gleiche: Es soll eine Ausstattung geschaffen werden, die vor allem die Pflanzen zur Geltung kommen läßt. Die Atmosphäre wird bestimmt durch die Farben – die weißgetünchten Wände, das naturbelassene Holzspalier und das Terracotta der Pflanzentröge und Fußbodenfliesen, die Honigtöne von Korb- und Rattanmöbeln und – als Kontrast – das überwältigende Pink der üppig blühenden Hortensien. Das vorherrschende Muster nimmt mit seinen weißen Streifen auf sandfarbenem Grund die Farben wieder auf und stellt die Verbindung her zwischen dem Weiß der Wände und den wärmeren Tönen der Möbel. Ein paar Kissen sind mit dem gleichen Stoff paspeliert, andere mit Weiß, um die Farbkombination zu unterstreichen. Das Pink des Streublümchenmusters ist farblich auf die Hortensien abgestimmt. Es wurde auch für das große Faltrollo und für die Ottomane darunter verwendet. Ein dichteres Blütenmuster wurde gewählt, um von den winzigen Streublümchen zu den großen runden Köpfen der Hortensien überzuleiten. Diese Rolle übernimmt ein sehr poetisches Druckmuster mit bläulichroten und blauen Feldblumen auf bräunlichem Grund, in dem sich auch die Holzfarbe des Spaliers und die Farbe der Bodenfliesen wiederholt. Es wurde sehr sparsam verwendet und mit einem Paspel in *»burgundy«* kombiniert.

Die Bäume mit ihren glänzenden Blättern stehen in Trögen und Kübeln aus Terracotta und nehmen die volle Höhe des Raumes ein. Das Gitterwerk im maurischen Stil trägt sehr zu der kühlen Atmosphäre des Raumes bei. Sein Schatten wirft ein Muster auf den Boden und dämpft das Licht, das zusätzlich durch das dichte Laub der Bäume vor dem Haus gefiltert wird. Ein altmodischer Holzventilator dreht sich mit dezent surrendem Geräusch – leise genug, um die Siesta nicht zu stören.

Die romantische Landschaft, in der dieses französische Château liegt, erfordert eine sehr poetische, auf die Umgebung abgestimmte Ausstattung. Dies ist das Antichambre, ein unkonventionell eingerichteter Salon, in dem man vor dem Mittagessen oder vor dem Diner seine Drinks nimmt. Es wird auch als Wohnzimmer benutzt, wenn das Gesellschaftszimmer zu groß ist. Was diesen Raum besonders attraktiv macht, sind die vielen Fenster, durch die das sanfte Nachmittagslicht hereinflutet, und der direkte Zugang zur Terrasse mit der Steinbalustrade, von der aus man in den Park gelangt. In dem Wandspiegel, den Fenstern gegenüber, spiegelt sich die Landschaft und vergrößert optisch den hohen, engen Raum. Ein Blickpunkt wie diese schönen Fenster erfordert Vorhänge mit einem Muster, das eigenständig genug ist, um mit dem großen Stil des Raumes mithalten zu können, und leger genug, um eine behagliche Atmosphäre zu schaffen. Das fließende, florale Muster, auf dem Rosen und Fuchsienblüten vom Wind über einen dezenten, sandfarbenen Grund geweht werden, erwies sich als ideal für diesen Zweck. Die Seitenschals sind locker zurückgebunden, während die fransenbesetzten Querbehänge formeller wirken und diesen wunderschönen Fenstern den Rahmen geben, den sie verdienen.

Das Muster der Sessel hat, ihrer Größe entsprechend, kleinere Blütenmotive; für das Sofa wurde ein stilisiertes Streublümchenmuster gewählt, und für Kissen und Tischdecken ein Korbgeflechtmuster in einem hellen Sandton. Das Nebeneinander mehrerer Muster sorgt für eine aufgelockerte Atmosphäre. Die mit breiten Volants besetzten Kissen verbreiten einen Hauch von Luxus, und die Blumensträuße, die Erinnerungsstücke und Familienphotos, die auf kleinen Tischen im Raum verteilt sind, geben dem Raum eine persönliche Note. Die Hauptfarbe ist *»sand«*, ein ruhiger, unaufdringlicher Ton, von dem sich die sorgfältig ausgewählten und plazierten Blumen in intensiven Farben wirkungsvoll abheben. Das Resultat ist ein Raum von nostalgischer Schönheit, der auf die malerische Landschaft abgestimmt ist und eine Atmosphäre von Luxus und Behaglichkeit ausstrahlt.

VERGANGENE

STILE

Rückblick

Jeder hat seine Traumvorstellung von einem Haus in irgendeinem Stil, sei es georgianisch (wie dieses Haus von John S. Goodall), viktorianisch oder aus den zwanziger Jahren. Die meisten träumen von einer Zeit, in der sie gerne gelebt hätten, und viele versuchen, ihre Häuser restaurieren und in den ursprünglichen Zustand zurückversetzen zu lassen.

Seit die Architekten und die Philosophen der italienischen Renaissance sich als erste von einer vergangenen Epoche – in diesem Fall von der Antike – inspirieren ließen, haben professionelle und Amateurdesigner geradezu mit Besessenheit historische Stilarten wiederbelebt. Im 18. Jahrhundert war es die Schönheit des schimmernden Marmors der klassischen Antike, die die Phantasie der Europäer beflügelte. Im 19. Jahrhundert kam es zur Wiederbelebung einer Vielzahl von Stilen. Die Begeisterung für das Mittelalter entzündete sich an den sehr populären *Waverly*-Romanen von Walter Scott, von denen der erste lebhafte und detaillierte Schilderungen der Bräuche, der Sprechweise, der Kleidung und des Wohnstils enthält.

Heute gibt es so viele Werke über Stilgeschichte, daß man in der Lage ist, einen Raum in jedem angestrebten Zeitstil zu gestalten. Doch die erfolgreiche Rekonstruktion eines Interieurs im Stil einer vergangenen Epoche hängt nicht nur von der historischen Authentizität ab. Das Geheimnis liegt im Verständnis für den Zeitgeist und den Lebensstil der entsprechenden Epoche. Man muß wissen, wie die Räume benutzt wurden, wie ein Haus sich der Öffentlichkeit gegenüber darstellte und wie innerhalb der Familie. Unter dieser Voraussetzung kann man Ausstattungen der verschiedensten Stile mit dem ganzen Komfort des zwanzigsten Jahrhunderts wieder lebendig werden lassen. □

Dieses einzigartige Puppenhaus in Nostell Priory, Yorkshire, ist eine perfekte Rekonstruktion eines Hauses aus den vierziger Jahren des 18. Jahrhunderts. Die Vertäfelung der Empfangshalle ist aus Eiche, der Fußboden ist parkettiert, und um das Feuer in dem mit Marmor verkleideten Kamin kümmert sich ein livrierter Diener. Links von der Halle, im Salon, ist die Tochter des Hauses mit irgendeiner Tätigkeit beschäftigt. Auf der vertäfelten Wand über dem mit Graphit geschwärzten Kamin hängt eine von der holländischen Malerei inspirierte Landschaft. Rechts im Bild, in der Küche, putzt ein zweiter Diener das Silber. Das Schlafzimmer im ersten Stock ist mit einem Baldachin und einer Wandverkleidung aus rotem Samt dekoriert; das Ankleidezimmer, links davon, hat einen Kamin aus schwarzem Marmor, die Wände sind im chinesischen Stil bemalt. Das Gesellschaftszimmer, rechts im Bild, hat eine opulente Dekoration in Gelb und Gold, die Paneele sind mit pastoralen Szenen bemalt. Das Schlafzimmer und das Ankleidezimmer im obersten Stockwerk sind mit gelben Seidenvorhängen dekoriert, was darauf schließen läßt, daß die Dame des Hauses hier residierte. Das Kinderzimmer rechts im Bild hat Chintzvorhänge mit einem floralen, indisch inspirierten Muster, das mit dem Blau der Wände harmoniert.

Eine der Lieblingsbeschäftigungen der modernen westlichen Gesellschaft ist es, die Vergangenheit visuell neu zu erschaffen. Es beginnt damit, daß man sich ein altes Haus anschafft, sagen wir, eines aus den vierziger Jahren des 18. Jahrhunderts. Wenn man Glück hat, findet man einen passenden Rokokotisch, und ehe man sich's versieht, sieht das Innere des Hauses aus wie das Bühnenbild zu *Figaros Hochzeit*. In seinem Roman *Here of all Places* von 1959 beschreibt Osbert Lancaster die viktorianische Variante eines solchen Interieurs kurz und treffend:

> »Der zweite Fluchtweg aus ... der Nüchternheit führte nicht in den Dschungel des Amazonas, sondern geradewegs in Großtante Harrietts vorderes Wohnzimmer... In angemessener Frist verkündete ein viktorianischer Arbeitstisch die beinahe unvermeidliche Tatsache, daß den ganzen Sommer über Ottomanen, Aubussons, Kaminschirme mit Perlstickerei, Stiche von Martin, Lüster, Portieren und böhmisches Glas, mit der Ansicht des Kasinos von Marienbad als Schnittdekor, eintreffen würden.«

Man kann einen historischen Einrichtungsstil auf verschiedene Art und Weise einsetzen: man kann ihn mit einer Stilart einer anderen Epoche mischen, was zu einem angenehmen Eklektizismus führt; man kann einen Stil interpretieren und schließlich kann man ein bis ins Detail stilgetreues Interieur in Kombination mit einem Haus aus der gleichen Zeit oder mit einem modernen, funktionellen Kastenbau verbinden, wodurch in beiden Fällen ein dekoratives Zeitkompendium entsteht.

Im 19. Jahrhundert wurde im allgemeinen gern die erste Methode gewählt, wodurch der »eklektische Mischmasch« des viktorianischen Interieurs entstand. Die zweite Methode verwendete A. W. N. Pugin, nach dessen Ansicht die »christliche Spitzbogen«-Architektur und der Dekor der hochviktorianischen reformerischen Gotik seinen Entwürfen einen hohen moralischen Anspruch verliehen. Die dritte Methode wurde ebenfalls im 19. Jahrhundert angewendet. Als Beispiel mag der Bericht über einen Besuch in Cothele, Cornwall, dienen, der 1827 stattfand; er stammt aus dem Roman *The Three Howard Sisters* von Maude Lady Leconfield und John Gore:

> »In dem entzückenden Speisezimmer, an das Du Dich sicher erinnerst, hatte man ein exzellentes Diner vorbereitet. Man fühlte sich wirklich in die Zeit zurückversetzt, in der das Haus gebaut wurde; alles war so gut erhalten und im Stil so echt, die alten Zinnplatten mit Familienwappen, die hohen schmalen Weingläser, die Salzstreuer, Löffel, Gabeln, Pokale und Tabletts, alles paßte zusammen.«

Das Streben nach stilistischer Authentizität erfaßte allmählich die Entwerfer in ganz Europa, wobei die Briten führend waren. In den zwanziger Jahren kam in England der georgianische Dekorationsstil in Mode, nachdem Stanley C. Ramseys Buch *Small Houses of the Georgian Period* und Margaret Jourdains *English Interiors in Smaller Houses* auf den Markt gekommen waren. In den dreißiger Jahren begann die Moderne bei der Oberschicht an Interesse zu verlieren und man orientierte sich wieder mehr am Stil vergangener Epochen. Architekten, und vor allem die Klassizisten unter ihnen, wie Raymond Erith und Lord Gerald Wellesley, begannen sich wieder für Authentizität bis ins Detail zu begeistern. Das gleiche Phänomen konnte man auch im Bereich der Innenausstattung beobachten.

Imitationen vergangener Stilarten sollen etwas vortäuschen. Wir wollen sehen, wie solche Nachschöpfungen zustande kommen und wollen an vier Beispielen die jeweilige Epoche lebendig werden lassen. Wir zeigen ein Stadthaus im Georgian Style von 1730; ein Regency-Stadthaus von 1860; und ein Avantgarde-Interieur aus den zwanziger Jahren.

Ein Stadthaus im Georgian Style um 1730

Das Leben in England um 1730 war nicht einfach. 1727 hatte Georg II. die Nachfolge seines Vaters als König angetreten. William Hogarth, der berühmteste Maler seiner Zeit, kritisierte in seinen satirischen Bildern die englische Gesellschaft und fing die Atmosphäre der Londoner Straßen und der eleganten Interieurs ein. Die sozialen Bedingungen, unter denen man in dieser Zeit leben mußte, waren ausgesprochen ungünstig: drei von vier Kindern starben bevor sie sechs Jahre alt wurden; die allgemeine Lebenserwartung betrug fünfunddreißig Jahre. Der schlechte Gesundheitszustand war nicht auf die Armen beschränkt; Infektionen wie Typhus und Influenza waren an der Tagesordnung, und auch Pocken arteten häufig zu Epidemien aus. Die Armen litten an Skorbut, und die Reichen stöhnten über ihre Gicht. Es kam sogar vor, daß Damen, die zuviel von der damals bleihaltigen Kosmetik verwendeten, an Bleivergiftung starben.

OBEN: *Die Tee-Gesellschaft in Lord Harringtons Haus, die Charles Philips 1730 gemalt hat, spiegelt den Lebens- und Einrichtungsstil der georgianischen Epoche wider. Man trinkt Tee aus einem blau/weißen Porzellanservice, das vielleicht aus China kam. Die Wandtäfelung ist in einem dunklen blaugrünen Farbton bemalt, rechts und links im Bild farblich darauf abgestimmte, mit Damast bespannte Paneele.*

RECHTS: *Im 18. Jahrhundert war London ein rauhes und gefährliches Pflaster. Die Gegend um Covent Garden, die hier abgebildet ist, war berüchtigtes Zentrum des Verbrechens und des Lasters. Es gab keine richtige Kanalisation, und der miserable Zustand der Straßen stand im Gegensatz zu den vornehmen Häusern.*

Die Armen lebten ausschließlich von Brot, Käse und fettem Speck und tranken dazu Tee, Bier oder Gin, während die Oberschicht Roastbeef, Wild, Zuckerwerk, Früchte und Schokolade aß. Alkohol wurde meist in Form von Brandy genossen, Wein wurde in Portionen von einem halben Liter serviert. Die Mahlzeiten wurden zu anderen Zeiten eingenommen als heute: Frühstück war um 10 Uhr, um die Mittagszeit gab es statt eines offiziellen Mittagessens nur einen Imbiß. Das Diner wurde am Nachmittag eingenommen, und die elegante Welt nahm zuweilen gegen 9 oder 10 Uhr abends noch eine leichte Mahlzeit zu sich. Man gab häufig große Diners für Gäste und vergnügte sich nach dem Essen mit Tanz und Kartenspiel. Gebräuchlich war auch die »assembly«, ein geselliger Abend mit Tee und Austausch von Neuigkeiten. Maskeraden, Bälle und musikalische Soiréen vervollständigten den gesellschaftlichen Kalender. Auch das Glücksspiel und das Wetten bei Pferderennen waren sehr beliebt.

Im London von 1730 gab es vielerlei Straßenlärm: Fischhändler, Blumenmädchen, Bäcker, Messerschleifer, Straßenkehrer und Milchmädchen boten mit lautem Geschrei ihre Waren oder Dienste an. Die Kriminalität nahm ständig zu und das Äußere des Hauses bot der rüden Welt ein abweisendes Gesicht; die stabile Eingangstür war nur über eine Brücke zu erreichen, die über einen abgesenkten Vorplatz führte; das Ganze war von einem Eisengitter mit scharfen Spitzen umgeben. Die Londoner Häuser hatten laut einer Verordnung, die nach dem Großen Brand von 1666 erlassen wurde, aus starken, verputzten Ziegelmauern zu bestehen.

Im 18. Jahrhundert nahmen Bodenspekulation und Bautätigkeit erheblich zu; 1720 wurde der Grosvenor Square angelegt. Die an den Platz angrenzenden Terrassenhäuser mit ihren weit ausladenden Palastfassaden, deren Mitte ein Portikus schmückte, sahen aus wie Palladio-Villen. Die Räume im Innern dieser grandiosen Bauten waren verhältnismäßig klein; sie hatten meist nur dreieinhalb bis viereinhalb Quadratmeter. Am meisten Wert wurde auf die Ausgestaltung des Kamins gelegt. Seine Vorderfront war mit Stuckornamenten oder einem Bild dekoriert und wurde auf beiden Seiten von einem Rücksprung im Mauerwerk begrenzt, in das Regalbretter eingelassen waren. In der Kaminöffnung darunter stand im Winter ein Kohlegrill, im Sommer wurde sie mit einem bemalten Brett verschlossen.

Die Vertäfelung war in einer der wenigen Farben gestrichen, die zur Verfügung standen. Anfangs verwendete man verhältnismäßig dunkle Farben, die im Laufe des Jahrhunderts heller wurden. Um 1730 wurden Karmesinrot und Grün für besonders geeignet als Hintergrund von Bildern und zur Dekoration von Gesellschaftsräumen betrachtet. Eine weitere Möglichkeit war ein kräftiges Blau, das häufig mit Gold kombiniert wurde, Gelb war nicht sehr beliebt, und Weiß wurde im allgemeinen nur für den Salon verwendet. Die Wirkung der bemalten Wände wurde häufig durch besondere Effekte gesteigert, zum Beispiel durch die Imitation von Holz- oder Marmormaserung. Da man die Möbel an die Wand rückte, wenn man sie nicht benutzte, wurde die Sockelzone der Wand mit einer Leiste versehen, damit die Stühle nicht die Farbe beschädigten.

Elegante Schiebefenster, in kleine Scheiben unterteilt, waren typisch für die Zeit. Fußböden bestanden aus polierten oder gestrichenen Holzplanken oder aus Parkett. Die Holzplanken wurden gelegentlich mit Ruß und verdünntem Bier schwarz gefärbt, damit man den Schmutz nicht sah. Abends und morgens wischte man den Boden mit einer Mischung aus Tee und Lavendel auf, die man

Elegante Schiebefenster waren ein typisches Merkmal georgianischer Stadtresidenzen und waren gewöhnlich, wie diese Ansicht eines englischen Interieurs zeigt, mit Raffgardinen ausgestattet. Man beachte auch den herrlich gemusterten Teppich und den Sekretär-Bücherschrank aus poliertem Holz.

In diesem Gemälde von Hogarth mit dem Titel »The Graham Children« von 1742 sind viele Elemente eines Interieurs aus dem 18. Jahrhundert zu erkennen, die seinen Bewohnern als selbstverständlich erschienen wären. Der Fliesenboden hat ein Schachbrettmuster in kontrastierenden Farben, und rechts im Raum hängen rote Samtvorhänge. Der Bezugsstoff des Stuhles ist mit goldfarbenen Stiften befestigt.

am äußeren Rand des Raumes aufbewahrte. Als Belag für die einfachen Holzböden verwendete man europäische und Orientteppiche; die Teppiche aus der Pariser Savonnerie-Manufaktur galten als besonders kostbar und elegant. In den fünfziger Jahren des 18. Jahrhunderts kamen fest verlegte Teppichböden in Mode. Gebräuchlicher waren Fußbödenbeläge aus Kanevas, der einfarbig gestrichen und dann mit Mustern bemalt wurde. Beliebte Motive waren Rhomben und Quadrate, gelegentlich wurden auch anspruchsvollere Muster verwendet. Die Möbel waren schwerfällig und mit reichen Schnitzereien versehen und hatten gewöhnlich geschwungene Beine mit Kugel- oder Klauenfüßen. Nußholz war hochmodisch, auch Eiche und Buche waren gefragt.

Um 1727 begannn William Kent seine sehr erfolgreiche Laufbahn als Möbelentwerfer. Die Schmuckmotive – Putti, Festons, Akanthusblätter und Muscheln – waren von italienischen Möbeln aus den 16. und 17. Jahrhundert abgeleitet. Auch Lackmöbel, zum Teil in echtem Japanlack in Rot und Schwarz, wurden sehr geschätzt. Die gebräuchlichste Tischform war der »gate-leg table«, ein Klapptisch, dessen aufgeklappte Platten von ausschwenkbaren Beinen gestützt wurden. Es gab eine Vielzahl von Schranktypen, die verschiedenen Zwecken dienten: in lackierten Eckschränken wurde kostbares Porzellan zur Schau gestellt, in Bücherschränken mit architektonischem Charakter bewahrte man in Leder gebundene Bücher auf. Die Polstermöbel waren noch nicht sehr bequem. Gebräuchlich waren Sessel, deren einziger Komfort ein bewegliches Sitzkissen war. Feste Polsterungen wurden mit goldfarbenen Nägeln befestigt und mit Seide oder Borte garniert. Die Stoffe für die Polsterungen waren kostbarer Damast, Chintz oder Samt; der Besatz war aus feiner Spitze oder Borte aus Silber- oder Goldfäden. Häufig wurden Schonbezüge aus gestreiftem oder kariertem Baumwollstoff angefertigt, um die wertvollen Stoffe darunter zu schützen. Diese Bezüge wurden schließlich nur noch bei offiziellen Anlässen entfernt. Beliebte Muster für Polsterstoffe waren florale, figürliche, exotische und Landschaftsmotive. Zum üblichen Inventar eines Hauses gehörten auch Musikinstrumente wie Harfe oder Spinett und Stellschirme für diverse Zwecke: zum Schutz vor der Hitze des Kamins oder vor kalter Zugluft. Die letzteren waren gewöhnlich mit Tapete beklebt oder bemalt und mit Borte eingefaßt; auch Stoff oder spanisches Leder wurden verwendet. Spiegel waren im ganzen Haus verteilt; im Wohnzimmer waren sie in die Vertäfelung eingelassen. Sie bestanden, ähnlich wie die Fenster, aus vielen kleine Scheiben, die in einen Holzrahmen eingesetzt waren. Im Schlafzimmer stand ein kleiner »Ankleidespiegel« auf dem Frisiertisch.

Das Porzellan wurde in den dreißiger Jahren des 18. Jahrhunderts ausschließlich importiert, der Dekor war exotisch, und die Teetassen hatten keine Henkel. In jedem Haus gab es Ziergegenstände aus Porzellan, blau-weiße Delfter Fayencen oder Schäfer und Schäferinnen aus Meißen. Das schönste englische Tafelsilber stellten die Hugenotten her, die um die Jahrhundertwende aus Frankreich geflüchtet waren, weil sie ihrer Religion wegen verfolgt wurden. Die kostbarsten Gläser hatten farbige, gedrehte Schäfte und nach außen gebogene Kelche.

Kerzen waren die einzige Lichtquelle in den dreißiger Jahren. Sie bestanden aus schlecht brennendem Wachs und waren im ganzen Haus in Kerzenleuchtern, Appliken, Standleuchtern und Lüstern verteilt, deren geschliffene Glastropfen das Licht reflektierten. Lüster konnten eine sehr teure Angelegenheit sein und der soziale Status des Gastgebers ließ sich an der Anzahl der Kerzen ablesen, die bei einem Diner verbraucht wurden. 1731 empfing Horace Walpole einen

Abgesandten der französischen Regierung und gab an diesem Abend £ 15 für die 130 Kerzen aus, mit denen die Halle seines Landsitzes beleuchtet wurde. Kerzen waren nicht immer weiß; der Herzog von Chandos soll vor allem Kerzen aus lindgrünem Wachs benutzt haben. Auch parfümierte Kerzen wurden gern verwendet, um Alltagsgerüche zu überdecken; sehr beliebt war der zarte Duft der Myrte.

Da sich die Farbdrucktechniken erheblich verbessert hatten, verwendete man in den dreißiger Jahren gern Tapete als Alternative zur Stoffbespannung. Es waren meist Flocktapeten – eine Tapete mit samtartiger Oberfläche – oder gemusterte Tapeten, die Damast, geblümte Seidenstoffe oder Stickereien imitierten. Charakteristisch waren auch Vogel-, Pflanzen- oder figürliche Motive. Gegen 1730 begann man, chinesische Papiertapeten mit Druckmotiven aus Flora und Fauna zu importieren.

Der am prächtigsten ausgestattete Raum des Hauses war das Wohnzimmer mit den Gesimsen, dem Kamin, den Teppichen, den soliden Eichentüren, und den Fenstern mit den reich geschnitzten Rahmenprofilen. Zu jedem Fenster gehörte ein Paar festschließender Fensterläden und ein einteiliger Vorhang, der, wenn er hochgezogen war, wie ein Feston aussah. Das Schlafzimmer war getäfelt; im Winter wurden die Wände von der Sockelzone aufwärts mit Samt- oder Tapisseriepaneelen verhängt, mit Seide oder Satin im Sommer. Die Gardinen waren aus dem gleichen Stoff oder hatten das gleiche Muster. Die schweren Vorhänge um das Vierpfostenbett, die die kalte Zugluft abhalten sollten, vervollständigten die Einrichtung des Schlafzimmers, Möbel gab es kaum. Die Küche war gewöhnlich sehr karg ausgestattet, die Wände waren verputzt und blau oder grün getüncht. Blau und Grün sollten die Fliegen fernhalten. Der Steinfußboden war mit Stroh bedeckt, und das Essen wurde meist über dem offenem Feuer am Spieß gegart.

Ein Stadthaus im Regency-Stil um 1815

1815 hatte sich das Bild vollkommen gewandelt. Im Britannien der georgianischen Epoche machten sich die Folgen der beginnenden industriellen Revolution und des zwanzigjährigen Krieges bemerkbar, den Europa gegen Napoleon geführt hatte. 1811 hatte man Georg III. für wahnsinnig erklärt, und sein verschwenderischer Sohn Georg IV. hatte 1820 die Regentschaft als Prinzregent übernommen. Die Zeit des Regency wurde vom extravaganten Geschmack des künftigen Königs geprägt, dessen Einfluß sich in der Moral, den Sitten und in den Modetrends bemerkbar machte.

Charakteristisch für die Eitelkeit und die Exzesse der Oberschicht ist die Figur des Dandy, die in dieser Zeit entstand. Der Dandy ist ein Mann, der nur zu seinem Vergnügen und der Vervollkommnung seiner äußeren Erscheinung lebt. Der Prototyp des Dandy war Beau Brummel, der Prinzregent sein fragwürdiges Idol.

In der Zeit des Regency nahm man in der Ober- und Mittelschicht das Leben von der heiteren Seite; man lebte sorglos in den Tag hinein. Krankheiten weiteten sich nicht mehr unausweichlich zu Epidemien aus wie in der georgiani-

GANZ OBEN: *Im 18. Jahrhundert war die Beleuchtung eine wichtige Angelegenheit, und die gesellschaftliche Geltung eines Gastgebers wurde häufig nach der Menge der Kerzen beurteilt, die er bei einer Abendgesellschaft abbrennen ließ. Unter diesem Gesichtspunkt war das Maskenfest in der Königlichen Oper am Haymarket in London anscheinend ein sehr bedeutendes Ereignis; es wird berichtet, daß auf den Kronleuchtern und Kandelabern mehr als 500 Wachskerzen brannten.*

OBEN: *Dieser mit Jagdszenen dekorierte Stellschirm wurde um die Mitte des 18. Jahrhunderts von Richard Roper bemalt.*

Dieser Raum eines französischen Hauses zur Zeit der Restauration ist typisch für die informelle Atmosphäre des Interieurs dieser Zeit. Wände und Decken sind mit einer schlichten Streifentapete tapeziert, um einen zeltartigen Effekt zu erzielen. Die exotische Wirkung, die häufig bei derartigen Konstruktionen zustande kam, trat hier nicht ein. Die Vorhänge haben das gleiche Muster wie die Tapete, und die Fransen an den Vorhängen klingen als Bordürenmotiv über der Fußleiste noch einmal an.

schen Epoche und die Kindersterblichkeit ging erheblich zurück. Familie und Heim nahmen einen hohen Stellenwert ein. Andererseits lockerten sich die strengen gesellschaftlichen Normen mehr und mehr, wie Jane Austen in ihrem Roman *Persuasion* von 1818 am Beispiel des Verhaltens der Familie Musgrove zeigt. Das Leben der Frauen wurde angenehmer, sie wurden von Perücken und einengenden Korsetts befreit und konnten nun in einfachen, aber elegant geschnittenen Kleidern aus Musseline oder Baumwollstoffen ein bequemeres Leben führen.

Als Baumaterial für Häuser verwendete man häufig Portland-Stein anstelle von Ziegeln. Die Wände wurden zuweilen verputzt und so bemalt, daß sie wie Mauerwerk aussahen. Die Raumanordnung sah nicht viel anders aus, als in dem schon beschriebenen georgianischen Stadthaus; in jedem Stockwerk gab es zwei Räume. Der Unterschied lag in den helleren, freundlicheren Farben und in der qualitätvolleren Ausgestaltung des architektonischen Raumes im Innern des Hauses.

Die größeren Fenster machten die Räume heller. Man benutzte noch immer Schiebefenster, doch die Sprossen zwischen den kleinteiligen Scheiben waren schmaler geworden und die einzelnen Scheiben größer. Daher bestand ein Fenster häufig nur noch aus sechs Scheiben. Im Wohnzimmer reichten die Fenster zuweilen bis zum Fußboden. Alle Fenster waren von innen mit Jalousien in voller Länge ausgestattet und mit Vorhängen dekoriert, die von einer Gardinenstange herabhingen und seitlich gerafft wurden. Das Material war Seide, Leinen oder Chintz. Die Stoffe waren entweder gestreift oder hatten Muster aus kleinen Blütenzweigen, wie sie auch in der Kleidermode üblich waren.

UNTEN: *Im Regency änderte sich die Fassade der Häuser und spiegelte den unkonventionelleren Lebensstil dieser Zeit wider. Man verwendete jetzt häufiger Portland-Steine oder Steine aus der näheren Umgebung, wie bei diesem Haus in Bath. Man legte auch mehr Wert auf natürliches Licht und konstruierte größere Schiebefenster.*

Papiertapeten begannen sich durchzusetzen. In Farbe und Muster wurden sie auf die Polstermöbel oder die Draperien abgestimmt. Es gab Streifenmuster mit Satin- oder Flockoberfläche und Marmorimitationen. Sehr beliebt waren schwarz-gelbe Streifen oder gesprenkelte Muster in Blau und Schwarz.

Auch die Gestaltung des Kamins wirkte leichter. Das Material war weißer Marmor mit Golddekor oder Marmorinkrustationen in einer kontrastierenden Farbe. In der Kaminöffnung stand eine Art Grill auf Klauenfüßen und gelegentlich auch ein Paar Feuerböcke im ägyptischen Stil. Die Fußböden waren noch immer aus polierten Holzplanken. Teppiche und Fußbodenbeläge kamen vorwiegend aus englischen Manufakturen, wie Axminster, Kidderminster oder Wilton. Die Teppiche hatten ein florales Motiv im Mittelfeld und eine darauf abgestimmte Bordüre.

Die Möbel wurden nicht mehr streng im rechten Winkel zum Grundriß des Raumes aufgestellt und an die Wand geschoben, wenn man sie nicht brauchte, sondern man arrangierte sie in kleineren Gruppen, die zwanglos im Raum verteilt wurden. Das förderte die Kommunikation und machte auch vertrauliche Gespräche möglich. Die Gestaltung der Interieurs und der Möbel wurde stark beeinflußt von Thomas Hope, einem reichen Geschäftsmann und Amateurentwerfer. Von seinen Reisen hatte er eine Menge kostbarer Dinge mitgebracht und eine Vorliebe für alte Kulturen und besonders für die klassische Antike entwickelt. Hope kritisierte den »entarteten« Einfluß des französischen Rokoko und trat für einen wirkungsvolleren, maskulinen Stil ein. Wände, Fußböden und Möbel gestaltete er in kräftigen kontrastierenden Farben. In seinem eigenen Haus richtete er ein »indisches« Zimmer mit himmelblauen Wänden, einer blaßgelben Decke, Schmuckornamenten in Azurblau und Meergrün und karmesinroten Polstermöbeln ein. Der Raum war für feierliche Anlässe konzipiert, und Hope stellt ihn der Öffentlichkeit in seinem 1807 veröffentlichten Werk *Household Furniture and Interior Decoration* vor. Die Konzeption dieses Interieurs hatte großen Einfluß auf die Gestaltung eleganter Ausstattungen.

Der Stil der Regency-Möbel, die zum Teil schon industriell hergestellt wurden, ist stark von Hopes Ideen geprägt worden. Als Material verwendete man vor allem Mahagoni- und Palisanderholz und Satinholzfurniere, als Dekor Bemalungen und vergoldete Metallappliken. Die bequemen Stühle und Sofas bestanden aus einem Rohrgestell, einem bemalten Holzrahmen und losen Kissen in hellen Stoffen. Ein sehr beliebtes Möbel war das »griechische Liegebett«; es war gewöhnlich aus Mahagoni oder Palisander. Das klassische Element kam in der geschweiften Linie der Seiten und des Rückenteils und in den Klauenfüßen zum Ausdruck. Die runden Polster waren mit Seide, Damast, Brokat, Chintz oder Baumwollstoff bezogen. Ob in den Mustern griechische Motive verwendet wurden, ist nicht bekannt. Typische Regency-Möbel waren auch Sofatische mit abklappbaren Seitenteilen, schwerfällige Sideboards, offene Bücherschränke, Sekretärschränke und Schreibsekretäre mit Frontklappe. Verbesserte Herstellungstechniken ermöglichten die Produktion von größeren Glasscheiben und von runden Konvexspiegeln. Die Spiegel wurden gewöhnlich in einen geschnitzten oder vergoldeten Rahmen eingepaßt, der von einem Adler oder von floralen Ornamenten bekrönt wurde. Man verwendete Konvexspiegel wegen ihrer illusionistischen Wirkung. Standuhren waren unmodern geworden und wurden durch elegantere Pendel- und Bracketuhren ersetzt, die reich mit allegorischen Figuren geschmückt waren.

Diese beiden Aquarelle von Humphry Repton zeigen den enormen Wandel, der zu Beginn des 19. Jahrhunderts in der Innenausstattung vorging. Das obere Bild stellt ein Interieur im Georgianischen Stil dar, einen kleinen, kompakten Raum mit zwei schmalen, hohen Fenstern. Außer den im Kreis angeordneten Stühlen in der Mitte des Raumes gibt es kaum Möbel. Das untere Bild stellt das ideale Regency-Interieur dar, einen hellen, luftigen Wintergarten mit großen Fenstern und direktem Zugang zum Garten durch verglaste Türen. Die Stühle stehen an den Wänden und geben den Raum frei für eine individuelle Gestaltung der Unterhaltung und für ungezwungene Konversation in wechselnden Gruppierungen.

Der Porzellandekor war farbiger geworden und reicher mit Gold verziert als je zuvor. Zu den beliebtesten Manufakturen gehörten Minton, Spode und Wedgwood. Eine neue Mode waren die Schnittblumensträuße, die man auf den Wohnzimmertisch stellte. Die Gläser wurden zerbrechlicher und hatten flachen Schliffdekor. Silber wurde strenger in Linie und Dekor, eine Mode, die sich hundert Jahre lang halten sollte. Die einzige Lichtquelle waren immer noch die Kerzen, die in Lüstern, Standleuchten, Appliken und Kerzenleuchtern steckten. Bei besonderen Gelegenheiten wurden sie mit Blumenkränzen geschmückt. Inzwischen war auch die Argand-Lampe, eine einfache Öllampe, erfunden worden, konnte sich aber nicht durchsetzen, da durch die starke Rauchentwicklung die Räume sehr verschmutzt wurden. Geheizt wurde immer noch ausschließlich durch das Kaminfeuer, was bei der zunehmenden Größe der Räume, die noch nicht entsprechend isoliert werden konnten, meist nicht ausreichend war. Eine gewisse Lady Elizabeth Grosvenor von Eaton Hall, Cheshire, soll ständig Flanellunterwäsche getragen haben, dazu zwei Paar Strümpfe und Pulswärmer!

Ein viktorianisches Interieur um 1860

1860 regierte Königin Victoria bereits dreiundzwanzig Jahre, und Lord Palmerston war Premierminister einer starken Whig-Regierung. Großbritannien gewährte dem einzelnen zwar mehr Freiheit als jedes andere Land, aber die Lebensbedingungen der Industriearbeiter waren erschreckend, wie Dickens es in seinen Romanen schildert. Dennoch war die viktorianische Kultur vielfältig und entfaltete sich prächtig. Die Präraffaelitische Bruderschaft gehörte zur Avantgarde, während Ruskin und Morris angesichts der Phantasielosigkeit der Massenartikel für hochwertige handwerkliche Arbeit in Verbindung mit künstlerischem Entwurf eintraten. Auch die Fotografie machte entscheidende Fortschritte. Auf dem Gebiet der Naturwissenschaften schockierte Charles Darwin die Gesellschaft mit der Veröffentlichung seines Werkes *Über den Ursprung der Arten*, in dem er verkündete, daß Mensch und Affe derselben Evolutionslinie entstammen. Auf dem Gebiet der Literatur gab George Eliot in seinem *Adam Bede* eine engagierte Schilderung des Landlebens, und Tennysons Epenzyklus *Königsidyllen*, eine Artus-Dichtung, bot erbaulichen Lesestoff.

Trotz einiger technischer Errungenschaften, wie die Nähmaschine, war das häusliche Leben der Dienstboten noch immer eine elende Plackerei. In ihrem ungewöhnlichen Tagebuch schildert Hanna Cullwick den 14. Juli 1860, einen Tag aus ihrem Leben, das einem Sklavendasein gleicht:

> »Fensterläden geöffnet und in der Küche Feuer gemacht. Meine rußigen Sachen über der Müllgrube ausgeschüttelt und den Ruß hineingeschüttet. Zimmer und Halle ausgefegt und Staub gewischt. Küchenherd nachgelegt und Frühstück zubereitet. Zwei Paar Schuhe geputzt. Betten gemacht und das schmutzige Wasser ausgegossen. Frühstücksgeschirr abgewaschen, die Messer geputzt und das Diner vorbereitet. Weiter geputzt. Küche geputzt, einen Korb ausgepackt. Zwei Hühner zu Mrs. Brewer getragen und die Nachricht zurückgebracht. Eine Torte gemacht und zwei Enten gerupft und ausgenommen. Treppe und Steinboden auf den Knien gewischt. Schuhabkratzer vor dem Haus mit Ofenwichse geputzt; auch das Straßenpflaster vor

LINKS: *Königin Victoria und Prinz Albert im Salon ihres Privatzuges, ein gutes Beispiel für ein elegantes viktorianisches Interieur. Sessel und Wände sind dick gepolstert, und an den Fenstern hängen ungewöhnlich schwere Vorhänge, die mit einer Menge überflüssiger Quasten und Faltenbögen dekoriert sind. Der Fußboden ist mit einem Spannteppich ausgelegt.*

UNTEN: *Ein typisches hochviktorianisches Interieur. Die Wände sind mit einem kleinteilig gemusterten Stoff bespannt, darauf hängen nostalgische Landschaften. Auf dem breiten Kaminsims stehen zwei mehrarmige Kristalleuchter und ein paar Nippes unter den unvermeidlichen Glasstürzen.*

dem Haus auf den Knien gewischt. In der ›scullery‹ – einer Art Waschküche – abgewaschen. Die Vorratskammer auf den Knien gewischt und die Tische gescheuert und die Fensterbretter abgewischt. Um 9 so schmutzig wie ich war, Tee für den Herrn und Mrs. Warwick fertiggemacht, aber Ann hat ihn raufgetragen. Klo, Flur und ›scullery‹ auf den Knien gewischt. Den Hund gewaschen und die Abwaschbecken saubergemacht. Abendessen fertiggemacht, damit Ann es rauftragen kann, weil ich zu schmutzig und zu müde war, um nach oben zu gehen.«

Seit der Regency-Epoche waren die Häuser viel höher geworden; im Dachgeschoß wurden zusätzliche Räume für so elende Dienstboten wie Hanna untergebracht. Ein neues Element der Ziegel- und Quaderfassade war das Erkerfenster; das Innere des Hauses blieb verhältnismäßig zurückhaltend, denn das überladene eklektische Durcheinander, das man gewöhnlich mit der viktorianischen Zeit verbindet, war noch nicht üblich.

Inzwischen hatte sich die Papiertapete als Wanddekoration durchgesetzt; man bevorzugte dunkle Rot-, Blau- und Grüntöne mit kräftigen Tier- und Pflanzenmotiven. Der Farbanstrich der verbleibenden Wandflächen war gewöhnlich dunkelbraun, die Decke einfarbig weiß. Die Wandgliederung hatte sich verändert. Statt der Sockelzone mit der Abschlußleiste gab es einen breiten Fries und darunter eine schmalere Sockelzone von etwa 1,20 Meter; beides war durch einen gemusterten Streifen getrennt. Der Fries wurde auftapeziert oder mit Schablonen aufgemalt, und zwar in einem von der Tapete abweichenden Muster. Den untersten Teil der Wand bedeckte eine etwa 30 Zentimeter breite Leiste. Der Blickpunkt in den wichtigsten Räumen war noch immer der Kamin. Die Kaminverkleidung war entweder aus Marmor, aus Gußeisen oder aus Holz, mit floralen Motiven und Spiegeln dekoriert und mit Regalbrettern versehen. Die Scheiben der Schiebefenster wurden immer größer. Die Türen hatten vier Felder; sie wurden häufig von einem Samtvorhang verdeckt, der an einer Messingstange hing. Die Fenster mit den Fensterläden waren mit Vorhängen aus dickem Samt oder Damast dekoriert. Sie hingen an Mahagoni- oder Messingstangen. Häufig war unter den Samtvorhängen noch eine Spitzengardine. Auch gemusterte Rollos wurden zur Dekoration von Fenstern verwendet.

Die Fußböden aus Eiche wurden gewöhnlich mit Teppichböden in dunklen Farben und unruhigen Mustern bedeckt. Brüssel-Teppiche waren als die besten bekannt, aber Kidderminster waren beinahe so gut – es waren äußerst haltbare Teppiche mit hohem Flor. Daneben waren noch die schottischen Kanevas-Fußbodenbeläge mit vier dicken Farbschichten gebräuchlich.

Die Möbel waren im allgemeinen schwerer geworden, bevorzugtes Holz war Mahagoni. Die Entwürfe basierten auf gotischen und Rokokoformen, und der Dekor wurde zunehmend üppiger. Besonders beliebt waren Ohrensessel, Polsterstühle mit gepolsterter Rückenlehne und Stühle mit einer Sitzfläche aus Korbgeflecht und einem losen Kissen. Durch die Erfindung der Spiralfeder waren die Polstermöbel im allgemeinen gequemer geworden. Bezüge von Polstermöbeln waren meist rot oder dunkelgrün; für den Stoff nahm man häufig Samt oder Damast aber auch Stickereien und das allgegenwärtige Rosenmuster auf Seide mit den weit geöffneten Blüten, die wie Kohlköpfe aussahen. Die Tische waren aus Mahagoni, Eiche oder Papiermaché, die Arbeitstische aus Palisander und Nußholz. Es gab eine Fülle von kleineren Einrichtungsgegenständen wie »Canterburies« (Beistelltische, benannt nach dem Erzbischof von

Dieses Interieur in New York zeigt, daß der Eklektizismus des viktorianischen Geschmacks sich in Amerika ebenso auswirkte wie in Großbritannien. Hier wurde ein Sessel im elisabethanischen Stil kombiniert mit einem Arbeitstisch im Regency-Stil und mit zwei Piedestals im Louis-XV.-Stil. Der Raum hat gotische Proportionen und eine Kassettendecke im Renaissancestil. Die Bogennische des Fensters, von dem aus man den Hudson sehen kann, ist mit einer Spitzendraperie dekoriert.

Canterbury), »Hall Stands« und »Whatnots« (kleine Regale zum Ablegen von Büchern und kleineren Gegenständen und zum Aufstellen von Nippes), Kabinettschränke und Kommoden, deren Rückwand sich nach oben in einem Spiegel fortsetzte. Jedes dieser Stücke hatte eine ganz bestimmte Funktion. In jedem Speisezimmer gab es das unvermeidliche Sideboard aus Mahagoni, meist im Neo-Rokokostil.

In keinem viktorianischen Haus durfte das Piano fehlen; das Klavierspiel war der wichtigste Teil der Familienunterhaltung. Kerzen waren nicht mehr die alleinige Lichtquelle, seit sich die Gasbeleuchtung eingebürgert und sich als praktischer erwiesen hatte. Sie wurde jedoch selten in den oberen Stockwerken benutzt; dort beherrschten nach wie vor die Kerzen und Öllampen die Szene. Die einzige Wärmequelle war noch immer das offene Feuer; es brannte den ganzen Tag. (Hanna Cullwick ließ das Feuer in der Küche im Juli brennen!)

Wie bei allen Gegenständen im Haus, so wurde auch beim Porzellan der Dekor reicher. Die Gläser waren dickrandiger geworden, der Schliff tiefer. Das Sammeln und Ausstellen von *objets d'art*, Kuriositäten und Erinnerungsstücken wurde immer beliebter. Das hochviktorianische Interieur wirkte im allgemeinen ziemlich düster und bedrückend, es war ein Spiegelbild der moralischen und gefühlsmäßigen Einstellung dieser Zeit. Auf Solidität wurde größter Wert gelegt; Spontanität war nicht erwünscht.

Die Wohnzimmer waren gewöhnlich sehr dunkel gehalten; auf dem großen runden Tisch lag eine gestickte Decke oder eine Tapisserie. An den Wänden hingen Gemälde oder Drucke führender zeitgenössischer Künstler wie Ford Maddox Brown, John Everett Millais, Arthur Hughes, Holman Hunt, Dante Gabriel Rossetti, William Dyce und William Powel Frith. Außerdem waren zuweilen noch ein paar Familienfotos in Sepia im Raum verteilt.

Im Schlafzimmer war die Atmosphäre gewöhnlich heiterer und freundlicher; es war in helleren, weicheren Farben ausgestattet und weniger vollgepfropft mit Gegenständen. Die Vorhänge waren aus Chintz, die Schränke und Holzteile der

Dieses Gruppenporträt der Familie Hatch stammt von Eastman Johnson. Er war in den siebziger Jahren bekannt als der beste »Interieur-Porträt«-Maler Amerikas. Dieses Gemälde demonstriert die konventionelle Nüchternheit viktorianischer Interieurs. Die Familie ist um den großen Mahagonitisch in der Mitte des Raumes versammelt. Die Kinder, an dem ihnen zukommenden Platz, spielen brav und artig, und der Vater arbeitet pflichtbewußt am Schreibtisch. Alle strahlen eine Zufriedenheit aus, die für die Zeit charakteristisch ist. Ebenso typisch sind die glatten Spitzengardinen unter den schweren Vorhängen, die Gaslampe und der prächtig gemusterte Teppich.

In der hochviktorianischen Epoche erfreuten sich polychrome Dekorationsmuster für Decken, Wände und Möbel allgemeiner Beliebtheit. Im Gegensatz zu früheren Zeiten verwendete man jetzt kräftige, dunkle Farben – Ziegelrot, Braun und Schwarz – für die größeren Flächen, helles Grün, ein mittleres Blau und Rosa für die kleineren, ornamentierten Partien. Dieser Entwurf, dessen Ornamente auf italianisierte Motive zurückgehen, wurde für eine Deckendekoration verwendet.

Innenausstattung waren weiß gestrichen. Die Einrichtung bestand meist aus einem großen Bett – häufig einem Vierpfostenbett – einem mit Musseline verkleideten Frisiertisch, einem Kleiderschrank, einem Nachttisch, einem Waschtisch und diversen Spiegeln. Es war Mode, die Vorhänge an den Fenstern und Betten aufeinander abzustimmen, wobei die Bettvorhänge weniger dicht gehängt wurden und heller waren, was nach zeitgenössischen medizinischen Erkenntnissen besser für die Gesundheit war.

Ein Avantgarde-Interieur der zwanziger Jahre

In den zwanziger Jahren hatten die Briten den Glauben an ihr Weltreich und an die viktorianische Sittenstrenge weitgehend verloren. Der Erste Weltkrieg hatte verheerende Folgen, nichts war so geblieben, wie es einmal war, und die Gesellschaft wandte sich entschlossen von einer Vergangenheit ab, die in eine solche Katastrophe geführt hatte. Man hatte sich vom viktorianischen Muff befreit und war überzeugt, daß die europäische Kultur einen neuen Anfang machen müsse. Schriftsteller und bildende Künstler sahen in der Maschine die Verheißung eines neuen ästhetischen Prinzips: radikale Experimente auf dem Gebiet der Literatur und der bildenden Kunst folgten dicht aufeinander; sie sind mit Namen wie James Joyce, Virginia Woolf, Pablo Picasso und Vassily Kandinsky verbunden. Auch bei der Kleidung, der Unterhaltungsmusik und der Dekoration lockerten sich die Regeln, eine lebensfrohere Haltung machte sich bemerkbar. Die »Fin-de-siècle«-Dekadenz, wie Oscar Wilde sie vertrat, der Symbolismus und der Jugendstil (Art Nouveau) hatten ihren Einfluß verloren und eine neue, hoffnungsvollere, positivere und zupackende Einstellung gewann die Oberhand.

Im Mittelpunkt dieser neuen Bestrebungen, sich von den Beschränkungen und geistigen Zwängen der Vorkriegskultur zu befreien, stand die Bloomsbury-Gruppe, ein intellektueller Kreis im ehemaligen Londoner Künstlerviertel Bloomsbury, um Virginia Woolf, zu dem der Wirtschaftswissenschaftler Maynard Keynes, der Maler Duncan Grant, der Kunsthistoriker Roger Fry und der Schriftsteller Lytton Strachey gehörten. In ihrem persönlichen Leben und in ihrer jeweiligen gesellschaftlichen und beruflichen Umgebung traten sie für Kühnheit, Freiheit und für die Bereitschaft ein, neue Experimente zu wagen.

Diese neuen Ideen und Strebungen fanden ihren Niederschlag in dem Bauernhaus in Charleston bei Lewes, Sussex, das sich Duncan Grant und Vanessa Bell 1916 als Ferienhaus eingerichtet haben und in das sie bis an ihr Lebensende immer wieder zurückkehrten. 1913 hatten Bell und Grant zusammen mit Roger Fry und anderen Freunden aus der Gruppe die *Omega Workshops* gegründet, wo sie Stoffe, Keramik und Möbel in einem dem Post-Impressionismus nahestehenden Stil herstellen wollten. Ihre Erfolge hielten sich in Grenzen und 1919 gaben sie ihr Vorhaben auf. Einige der besten Ideen der *Omega*-Gruppe wurden in Charleston wieder aufgenommen. Das Gebäude stammte aus dem 18. Jahrhundert; es war ein weitläufiger Bau, der sich in eine Talsenke schmiegte. Das Haus ist »sehr solide und einfach gebaut, es hat glatte Wände aus jener hübschen Mischung von Ziegel- und Flintsteinen, wie man sie hier verwendet, Fenster die bündig in die Mauer eingelassen sind und ein wundervolles Ziegeldach . . . die Räume sind sehr groß und sehr zahlreich«, schrieb Vanessa Bell an Roger Fry.

Dieses Musikzimmer, das Duncan Grant und Vanessa Bell in den dreißiger Jahren entworfen haben, enthält viele charakteristische Elemente des Bloomsbury-Stils. Die Dekorationen sind in fast amateurhafter Weise aufgemalt. Sie sind, wie der Kubismus, von der primitiven Kunst abgeleitet. Eine Tendenz, die sich schon in den Omega Workshops unter der Leitung von Roger Fry abzeichnete. Das dekorative Stilleben ist direkt auf die Wand gemalt und wird von einer gemalten Draperie in Trompe-l'œil-Manier gerahmt. Darunter steht ein bemaltes Schränkchen, daneben ein Stuhl mit losem Bezug im gleichen Muster wie das Sofa und die Vorhänge. Die Farben sind gedämpftes Gelb und Rot, zwei Farben, die charakteristisch sind für die Bloomsbury-Gruppe.

Das Auffallendste an der Innenausstattung von Charleston ist die reiche Ausmalung. Sie wirkt zum Teil naiv und improvisiert, was durchaus absichtsvoll war, ist phantasievoll und witzig und überwuchert alles. Der Kunsthistoriker Robert Morphet beschreibt die Wirkung als schwankend zwischen »formaler Kühnheit und humorvoller Vertrautheit. Die Malerei bedeckt Wände, Türen, Vertäfelungen, Kaminsimse, Gewebe, Stühle, Tische, Geschirrschränke, Betten und sämtliche Keramikgegenstände«.

Das Haus war weder komfortabel noch warm, es gab auch lange Zeit keine Warmwasserversorgung und keine Elektrizität, es war auch nicht besonders elegant und stilvoll eingerichtet, aber es war ein wunderbarer Spielplatz, und es hatte eine Atmosphäre, die typisch war für die freiheitliche Gesinnung der zwanziger Jahre. Außerdem war es ein Mischmasch aller erdenklichen Stilarten: Stellschirme und Keramiken des *Omega*-Kreises im Geschmack der französischen Avantgarde befanden sich in unmittelbarer Nachbarschaft von chinesischen Textilien und persischen Kacheln; Zeichnungen von Delacroix hingen dicht neben Zeichnungen von Vanessa Bells Kindern; ein paar besonders häßliche viktorianische Objekte dienten als amüsante Beispiele für den schlechten Geschmack.

Die Einrichtung war eine Mischung aus alten Stücken, die aus den Antiquitätengeschäften der Umgebung stammten, zeitgenössischen Möbeln von Londoner Designern und Exemplaren aus der *Omega*-Werkstatt. Alles war bemalt, nicht nur Türen und Wände, auch die Bäder, die Heizkörper, die Stellschirme und Lampen, ja sogar die Flügel der Hühner im Hof. Die Sitzflächen der Hocker wurden belebt durch handgenähte Kissen, Spiegelrahmen durch Stickereien und die Tischplatten durch Kacheln. Die Stuhllehnen waren zum Teil aus Rohr oder sie waren rot bemalt, um Lack vorzutäuschen, andere hatten gestickte Kanevasbezüge. Frisiertische waren bemalt oder mit Marketerie verschönt. Die Keramik in Rosa, Grün, Gelb, Violett, Türkis, Schwarz und Rot, mit feinem Lüster, stammte von Vanessa und ihrem Sohn Quentin.

Trotz der Vielfalt strahlte das Ganze eine bemerkenswerte und erfrischende Einheitlichkeit aus, die schwer zu erklären und unmöglich zu kopieren ist. Die Speisezimmerwände sind in einem dramatischen, silbrig schimmernden Schwarz angestrichen; Mittelpunkt des Raumes ist ein großer, hübsch bemalter Tisch mit einer Garnitur *Omega*-Stühle. Das Wohnzimmer ist leuchtend grau getüncht und mt Schablonenmotiven ausgemalt. Im Erdgeschoß befindet sich unter anderem Vanessa Bells Schlafzimmer mit Türen, die sich zum Garten öffnen, und einem bizarr bemalten Badezimmer.

Die Schmuckmotive wechseln häufig in den zwanziger Jahren. Anfangs waren es tanzende und schwimmende Figuren, später nackte Figuren, Vasen, Früchte, Musikinstrumente, Girlanden, Medaillons und abstrakte Ornamente. Duncan Grants mythische Figuren sind E. M. Fosters Vergötterung der Italiener und der Griechen zu verdanken. In den dreißiger und vierziger Jahren wurden die Motive abstrakter: Man sah zum Beispiel dunkelgraue Kommas auf einem hellgrauen Untergrund, der mit weißen Blütenmotiven dekoriert war, oder schwarze Wände mit auffallenden geometrischen Motiven in Grau.

Die Dekoration der Bibliothek im oberen Stockwerk von Charleston ist besonders effektvoll. Die Wände sind in Schwarz und in einem gelblichen Rot angestrichen, die Türfüllungen sind mit zwei körbetragenden Figuren bemalt, und über und unter den Fenstern hat Duncan einen Hund und einen jungen

Hahn gemalt. Jedes Schlafzimmer hat seine eigene Note und ist voller liebenswürdiger Merkwürdigkeiten: Hier ist ein Stück farbiges Glas in eine Tür eingesetzt, dort ist das Kopfbrett eines Bettes mit einer Darstellung von Morpheus, dem Gott des Schlafes, geschmückt. Auffallend sind auch überraschende Farbzusammenstellungen wie Ocker mit Zitronengelb.

Charleston ist mehr als eine bezaubernde Kuriosität, es ist einzigartig. Vanessa Bell und Duncan Grant hatten den Mut und die Vorstellungskraft, ihre eigene Ausstattung zu entwerfen und auszuführen, ohne sich um die überkommenen Regeln des guten Geschmacks oder um irgendwelche Regelbücher zu kümmern. Charleston vereinigt in sich Stilelemente verschiedensten Ursprungs, es vergegenwärtigt den ganzen Eklektizismus und die erfrischende, freiheitliche Denkungsart, die charakteristisch sind für das Design der zwanziger Jahre.

Der Einfluß vergangener Stilarten auf den heutigen Wohnstil

Charleston, Sussex, wo Vanessa Bell und Duncan Grant dreißig Jahre lang lebten, ist das ausgeprägteste Beispiel für den Bloomsbury-Stil. Hier wurde jeder Gegenstand als potentieller Träger von Dekor betrachtet, angefangen von den Stühlen und Lampen bis zu den Tischen und der Keramik. Im Wohnzimmer, über dem Kamin, wurde vor der bemalten Wand eine Trompe-l'œil-Malerei angebracht. Im Speisezimmer steht auf einer bemalten Tischplatte eine Anzahl von Keramikobjekten, die von Vanessa und Quentin Bell entworfen wurden.

Seit wir begonnen haben, unsere Alltagswelt bewußter zu gestalten, haben wir mehr Gespür bekommen für die Stilarten vergangener Epochen. Laura Ashley ist in der ganzen Welt bekannt für ihre rustikalen Baumwollstoffe und ihre Blütenzweigmotive.

Weniger bekannt ist ihr Talent, Stile der Vergangenheit neu erstehen zu lassen. Viele ihrer Raumausstattungen sind exakte Nachschöpfungen historischer Interieurs. Dennoch sind, wie man vielleicht annehmen könnte, keine Bühnendekorationen daraus geworden, sondern eher erfrischend neue Szenarien.

Selbst die überschäumenden Avantgarde-Entwürfe der dreißiger Jahre fanden Eingang in die Laura-Ashley-Kollektionen. 1986 wurde Charleston, das man lange Zeit vernachlässigt hatte und beinahe verfallen ließ, endlich für die Öffentlichkeit zugänglich. Natürlich hat Laura Ashley das Potential der farbenfrohen Entwürfe von Vanessa Bell und Duncan Grant sofort erkannt. Die Zusammenarbeit zwischen Laura Ashley und Charleston brachte viele neue Anregungen. Für die restaurierten Räume des Hauses wurden sieben der alten Stoffmuster in Faksimile-Drucken wieder hergestellt. Um die großrapportigen Muster der Originalentwürfe und die verblaßten Farben der abgenutzten Vorlagen originalgetreu reproduzieren zu können, mußte Fläche auf Fläche gedruckt und mit entsprechend großen Druckplatten gearbeitet werden. Als Äquivalent für ihre Hilfe bei der Restaurierung bekam Laura Ashley die Genehmigung, die Muster von Bell und Grant neu zu bearbeiten und in eigenen Farbzusammenstellungen für ihre neue Bloomsbury-Kollektionen zu drucken, die 1987 auf den Markt kam.

Außerdem hat Vanessa Bells noch lebender Sohn Quentin, ein ausgezeichneter Keramikkünstler, vier Charleston-Entwürfe neu interpretiert: eine Obstschale mit dazugehöriger Platte, einen Lampenfuß und eine Vase. Diese Objekte werden von einem Team junger Keramiker, die Quentin persönlich ausgebildet hat, in Fulham hergestellt. Durch diese und ähnliche Projekte wird die Tradition gepflegt und weitergegeben und Stilarten vergangener Epochen werden zum lebendigen Bestandteil des heutigen Wohnstils.

Laura Ashley

So sah elegantes Reisen in viktorianischer Zeit aus – mit einem Hauch von Orient Express. Das rot-grüne Muster der Tapete stammt aus dem Musterbuch von Owen Jones. Die Farben stimmen mit denen der gestreiften Gardine und der gepaspelten Kissen überein. Sogar die Hutschachtel hat viktorianisches Flair.

Die Wiederbelebung von Einrichtungsstilen vergangener Epochen in Räumen, in denen sich Vergangenheit und Gegenwart harmonisch verbinden, ist eine weitere Facette von Laura Ashleys Wirken.
Die Inneneinrichtungen vergangener Zeiten sind ein Füllhorn anregender Ideen, die die meisten heutigen Wohnwelten bereichern und umgestalten können. Manchmal hat Laura Ashley Räume gestaltet, die historische Epochen exakt wiedererstehen lassen, sowohl in den Farbzusammenstellungen als auch in den verwendeten Geweben, Tapeten und Möbeln. Das Ergebnis für die Lebensweise sind eher ein belebender Szenenwechsel als ein befremdender theatralischer Effekt, wie man vermuten könnte. Andererseits kann man die Atmosphäre des Vergangenen, etwa die Eleganz des Regency, auch nur andeuten. Farben fangen sofort die Aura einer Epoche ein – dunkle Grün- und starke Rottöne rufen das achtzehnte Jahrhundert in Erinnerung, Pastelltöne die dreißiger Jahre.

All diese Bemühungen sprechen jeden an, der sich insgeheim nach dem verflossenem Reichtum der Georgianischen Zeit, den geschmackvollen Streifenmustern des Regency, der polsterweichen Behaglichkeit des Viktorianismus oder der Lebhaftigkeit der Bloomsbury-Zeit der dreißiger Jahre sehnt. □

Das große Vergnügen, den Stil einer bestimmten Epoche nachzuschaffen, liegt darin, das Auge an den Farben und Ausstattungen der Vergangenheit zu schulen, in Stichen und Gemälden und zeitgenössischen Büchern nach Hinweisen und Inspirationen zu suchen und antike Details zu sammeln, die die Wirkung eines Entwurfs vervollständigen können. Fast alle Laura-Ashley-Muster sind Nachschöpfungen antiker Originale oder Kreationen, denen diese Originale als Anregung dienten – von der elisabethanischen Epoche bis zur Charleston-Zeit der dreißiger Jahre. Diese Rekonstruktion eines viktorianischen Eisenbahnwaggons zeigt, welche Wirkungen man erzielen kann, wenn so wichtige Dekorationselemente wie Tapete, Vorhänge und Tischdecke stimmen.

Spitalfields ist heute einer der am reinsten erhaltenen Londoner Stadtteile im georgianischen Stil. Die Häuser in den schmalen Straßen wurden von den hugenottischen Seidenwebern gegen Ende des 17. Jahrhunderts erbaut.

Die Häuser wurden alle nach dem gleichen Grundplan gebaut, mit einem großen Raum an der Vorderseite und dem kleineren, hier abgebildeten Wohnzimmer mit dem Eckkamin auf der Rückseite. Delfter Kacheln waren damals ein beliebtes Dekorationselement für Kamine.

Vertäfelungen konnte man sich damals nur aus billigem Kiefernholz leisten; sie erhielten daher einen warmen, rötlichbraunen Anstrich mit einer Maserung, die Eiche vortäuschen sollte. Dieser Effekt wurde hier kopiert. Auch die Fußbodenplanken und die Planken an der Decke, die in früherer Zeit häufig unbemalt blieben, wurden angestrichen. All diese Elemente waren vorgegeben und mußten beim Entwurf der Ausstattung berücksichtigt werden. Das Wichtigste war die Auswahl der Textilien. In diesem Fall entschloß man sich, den ganzen Raum einheitlich zu dekorieren und wählte einen schweren, damastartigen Stoff mit einem venezianischen Muster in Gold- und Grüntönen. Der mattgrüne Schimmer bringt Licht in den Raum, und das Gold unterstreicht den warmen Ton der Patina auf der Vertäfelung und den Hauch von Luxus, der von den vielen, im Raum verstreuten, antiken Kissen ausgeht. Der Kronleuchter im georgianischen Stil ist aus der Zeit, weitere alte Stücke sind eklektizistisch aber bequem – die Liege mit den dicken Polsterkissen, der Ohrensessel im Queen-Anne-Stil und der »gateleg«-Tisch, der mit einem cremefarbenen Spitzenschal bedeckt ist. Der Aubusson-Teppich mit seinen schönen, verblaßten Farben unterstreicht die Stimmung des Raumes. Ein einfacher Musselinvorhang schützt vor Sonne. Nachts werden die Fensterläden geschlossen, und die Bewohner sind ganz und gar von dem rötlichen Widerschein des Feuers auf der Holzvertäfelung umgeben.

Als Quelle der Inspiration für diese lebhafte Speisezimmerausstattung diente ein Gemälde von 1807; es zeigt die Familie Ruspoli beim Frühstück in ihrem Palazzo. Die Ausstattung auf dem Gemälde wurde teils übernommen, teils variiert. Zuerst wurde die Farbkombination festgelegt. Im Speisezimmer der Familie Ruspoli hatte man ein sattes Moosgrün mit Rot und Marine kombiniert; Laura Ashley wählte *»fir green«* (fichtengrün) und *»terracotta«*. Als Grundfarbe des Teppichs wurde statt Marineblau *»sand«* gewählt; das terracottafarbene Muster und die breite Schmuckbordüre des Teppichs weichen nicht sehr stark vom Original ab. Das Tapetenmuster geht auf ein Druckmuster aus dem 18. Jahrhundert zurück, seine Blüten-, Beeren- und Rankenmotive wiederholen sich auf den Chintzvorhängen, die die Szene rahmen. Der Lambris auf dem Gemälde ist marmoriert und wird durch ein reliefiertes Wellenband und eine vergoldete Profilleiste abgeschlossen. Marmorisierende Effekte sind zur Zeit wieder modern; man kann entweder einen Maler beauftragen, es selbst versuchen oder eine gemusterte Papierfolie verwenden. Der Lambris wurde nach dem Gemälde gestaltet, einschließlich Wellenband und vergoldeter Leiste. Die Partie, die auf dem Gemälde über dem Kamin erscheint – das in Blau und Gold gehaltene Paneel, die Uhr, der Spiegel, die Kerzenleuchter und die Blumenvase auf dem Kaminsims – sind hier nur Wandmalerei, ein amüsantes Trompe l'œil.

Die Polster der Empire-Stühle haben ein breites, lebhaftes Streifenmuster in *»fir green«* und *»terracotta«*. Streifen waren in dieser Epoche ein sehr beliebtes Muster für Speisezimmerstühle. Über den Tisch ist eine Decke aus antikem weißem Damast gebreitet; die Servietten, Platzdeckchen und Eierwärmer haben ein zartes Streublümchenmuster in *»cream«* auf *»terracotta«*. Platzdeckchen und Eierwärmer sind mit einem farblich abgestimmten Streifenmuster gefüttert. Die silbernen Eierbecher erinnern an das fürstliche Frühstück der Familie Ruspoli. Der Stellschirm, im Empire ein sehr beliebtes Ausstattungsstück, wurde dazukomponiert. Er hat das gleiche Streifenmuster wie die Stühle. Hinter diesem dekorativen Stück läßt sich das noch nicht abgeräumte Geschirr leicht verbergen.

Dieser bezaubernde, elegante Raum wurde dem Kupferstichkabinett nachempfunden, das gegen Ende des 18. Jahrhunderts sehr populär war. Für die jungen Damen und Herren war es obligatorisch, die »Grand Tour« in Italien zu absolvieren und beladen mit Bildungs-Souvenirs zurückzukehren. Zu den beliebtesten Erinnerungsstücken zählten auch die Kupferstiche – das Equivalent der heutigen Postkarten. Die Themen waren – entsprechend dem Zweck der »Grand Tour« – Gemälde alter Meister, Skulpturen der Antike und der Renaissance und Ansichten von Ruinen. Besonders die Damen tapezierten die Wände ihrer kleinen Wohn- und Ankleidezimmer gern mit diesen Stichen. Sie wurden ohne Rahmen neben- und übereinander an die Wand gepinnt und mit Draperien, Schleifen, Festons oder Bändern geschmückt. Die Wandfarbe war fast immer ein blasses Gelb oder Rosa. In ihrem Tagebuch von 1771 beschreibt Mrs. Philip Lybbe Powys ein Zimmer in Fawley Court, das »mit dem schönsten japanischen Reispapier in Pink ausgekleidet und mit sehr guten Stichen geschmückt« war. Die schwarz-weißen Stiche mit ihren pittoresken Schleifen- und Festonrahmungen müssen sich sehr wirkungsvoll von dieser zarten Wandfarbe abgehoben haben.

Hier wurde eine Tapete mit Moirémuster verwendet und eine Akanthusbordüre gliedert die Wand; sie erscheint unterhalb des Karnies, als oberer Abschluß des Lambris und als Fußleiste. Tapeten mit Texturmaserung kamen gegen Ende des 18. Jahrhunderts in Mode und waren bis weit ins 19. Jahrhundert hinein gebräuchlich. Genau wie heute, wurden die Tapeten häufig auf die Bezugs- und Vorhangstoffe abgestimmt; hier korrespondiert die Tapete mit der Moiréseide der Fensterdekoration. Der Entwurf für den Querbehang, der mit aquamarinfarbener Borte abgesetzt ist, stammt von Sheraton; er wurde für das chinesische Gesellschaftszimmer im Brighton Pavilion geschaffen. Die Vorhänge darunter sind in hellstem Aquamarin, Apricot und Weiß gestreift.

Dieses englische Frühstückszimmer mit seiner heiteren, unkonventionellen Ausstrahlung erinnert an die leichte, luftige Eleganz des 18. Jahrhunderts. Das traditionelle Frühstückszimmer ist nicht nur zum Essen da, es ist auch ein informelles Wohnzimmer, in dessen behaglicher Atmosphäre die Familienmitglieder zu jeder Tageszeit zusammenkommen können. Eine solche Umgebung erfordert eine viel unkonventionellere Dekoration als das offizielle Speisezimmer. Hier wurde ein hübsches Muster mit großformatigen floralen Motiven in Pink-, Grün-, Blaugrau- und Brauntönen verwendet, das auf Dekorationsstoffe englischer Landhäuser um 1820 zurückgeht. Graziös geraffte, lange Vorhänge rahmen den Frühstücksplatz. Die Kissen und Sitzpolster der Stühle sind mit dem gleichen Stoff bezogen, die Kissen sind außerdem mit roséfarbenem Paspel und Volants versehen. Ein korrespondierendes Muster mit winzigen, stilisierten Tulpen in Pink und Pünktchen in Pfefferminzgrün wurde für die Sonnenblenden und die Polster der Sitzbank verwendet.

Das Licht flutet durch das große Erkerfenster herein, und das Grün der Umgebung setzt sich optisch – verstärkt durch die blassen Grüntöne der bemalten Holzteile – bis in den Raum fort und vermittelt die Atmosphäre eines frischen Frühlingsmorgens.

Alle romantischen Visionen der Regency-Epoche sind in Robert Smirkes Aquarell von Madame Recamiers Schlafzimmer eingefangen. Die fransengeschmückten Bettvorhänge aus weißem Musselin, bestickt mit goldenen Sternen, sind an einer goldenen Krone befestigt, die von einem Musselinvolant umgeben ist. Die Wände sind mit violetter Seide ausgeschlagen, und als oberer Abschluß dient ein seidener Querbehang.

Ein luxuriöses Refugium wie dieses kann man überall schaffen. Einfache Bettvorhänge aus Voile, Baumwolle oder Chintz genügen, um ein ganz gewöhnliches Schlafzimmer völlig zu verwandeln und es behaglicher und einladender gestalten. Dieses Schlafzimmer in einem Bauernhaus strahlt die ganze Romantik der Regency-Epoche aus, ohne etwas von seinem ländlichen Charme eingebüßt zu haben. Eine einfache Papierborte mit einem Dekor aus Blumenbouquets wird von einer Tapete mit Kirschblütenmuster und grünen Blattmotiven auf weißem Grund ergänzt. Die drapierten Bettvorhänge aus weißem Voile hängen von einer einfach konstruierten Krone herunter und geben dem Bett das Aussehen eines romantischen Tagebetts aus dem frühen 19. Jahrhundert.

Sogar das Schlafzimmer in einem Château mit seinen klassischen Proportionen und der feinen Holzvertäfelung kann von der dekorativen Wirkung des Regency-Stils profitieren. Die blaßgrüne Tapete im Moirémuster wird ergänzt durch die delikaten Profile der Tür und der Vertäfelung, die mit dem gleichen blassen Grün abgesetzt sind. Das Bett aus poliertem Mahagoni ist aus der Zeit. Die Decke und die Bettrollen sind mit einer eleganten rot-grünen Borte abgesetzt. Die Musselindraperien, die das Bett schmücken, werden von Messingrosetten gehalten, und auch die Fensterdekoration, die für diffuses Nachmittagslicht sorgt, ist nach dem gleichen Muster gemacht.

Außer Gemälden eignen sich auch Bücher als Quellen für Ausstattungsideen zu bestimmten historischen Epochen. Loudon's *»Encyclopedia of Cottage, Farm and Villa Architecture«* von 1833 gab die Auskunft, daß bei einem viktorianischen Haus die Eingangshalle »düster« sein müsse. Das typisch viktorianische Muster der Tapete mit Eierstabbordüre geht auf Owen Jones zurück. Möbel gibt es nur wenige: einen Spiegel, der den Raum optisch vergrößert, zwei Stühle mit muschelförmigen Rückenlehnen und einen kleinen Tisch, auf dem früher einmal eine Silberschale für die Visitenkarten der Besucher stand.

Die Halle öffnet sich zum Gesellschaftszimmer, dessen pompöse Ausstattung auf den Farben *»crimson«* (karmesinrot) und *»sand«* basiert. Das geometrische Muster der Tapete wurde ebenfalls von einem Muster von Owen Jones inspiriert und bezieht sich auf die Tapete in der Halle. Der Anstrich der Fußleiste soll Mahagoni vortäuschen – weiße Fußleisten bürgerten sich erst um 1890 ein.

Die Polstersessel mit den eingezogenen Knöpfen stammen aus dem Schloß der Herzogin von Noailles in Frankreich. Sie sind mit einem herrlichen roten Baumwollsatin bezogen, einem viktorianischen Bezugsstoff, der vorwiegend im Gesellschaftszimmer verwendet wurde. Das Tudor-Rosenmuster stammt von einem Webmuster in Seide, das man auf einem Sofa aus dem 19. Jahrhundert entdeckte.

Wichtig beim Einrichten von Interieurs im Stil vergangener Epochen, und vor allem im Stil der viktorianischen Zeit, sind die dekorativen Objekte. Gegenstände wie eine frühe Argand-Lampe mit Wedgwood-Brenner, ein Kohlenbehälter, ein Tapisserie-Klingelzug neben dem Kamin oder ein Stellschirm in Lack vervollständigen das Bild. Sogar die Blumen wurden, in viktorianischer Manier, in dicken runden Sträußen arrangiert.

Dieses kleine Wohnzimmer einer Wohnung im Westen Londons mit seiner überaus unkonventionellen Atmosphäre wurde von Charleston inspiriert. In Charleston, inmitten der hügeligen Landschaft von Sussex, stand das Bauernhaus, in dem in den zwanziger und dreißiger Jahren die Bloomsbury-Gruppe, ein Kreis talentierter Künstler lebte und arbeitete. Sie betrachteten das ganze Haus als eine einzige, große Leinwand und verschönerten es ständig mit Farbe, Schablonenmotiven und Keramik. Ihre kindliche Freude an »herausgeputzten« Oberflächen zeigte sich in der unbekümmerten Art, in der sie das Haus dekorierten. In der Fülle der Farben und Formen spiegelt sich ihre lustvolle Kreativität wider.

In diesem Raum wird der kapriziöse Geist von Charleston durch die strohfarbene, von Vanessa Bell entworfene Tapete mit Wellenmuster heraufbeschworen, die den Raum in weiches Licht taucht. Das breite Fenster, durch das man auf den Balkon schaut, ist mit einem Querbehang dekoriert, dessen fortlaufendes Muster den positivistischen Flair der Bloomsbury-Entwürfe widerspiegelt. Der gleiche Stoff wurde für den Behang der Sitzecke am Fenster und für die Schärpen verwendet, die die Seitenschals halten. In einfachen, terracottafarbenen Blumentöpfen blühen rote und pinkfarbene Geranien. Sofa- und Sesselbezüge wirken leicht und beschwingt und tragen zu der behaglichen und entspannten Atmosphäre des Raumes bei. Der Stil dieses reizvollen Interieurs ist genauso anregend, so heiter und bunt und so ewig jung wie sein Vorbild.

Charleston, das steht für »Dekoration pur«, für das Handgemachte, das Selbstgebastelte und das Individuelle. Das Bordürenmuster auf der Schabracke, der Sitzbank und den Stühlen ist eine jener Respektlosigkeiten der Zeit. Unbekümmert wird es kombiniert mit dem Früchte- und Blattmuster des Vorhangstoffes und der Polstermöbel in Grau, Primelgelb, Apricot und Schwarz.

Dieser Raum wird von der unverwechselbar sorglosen Atmosphäre der Charleston-Zeit geprägt. Er ist eine Rekonstruktion des Musikzimmers, das Vanessa Bell und Duncan Grant entworfen haben und das 1932 in London ausgestellt wurde. Die Stoffmuster sind Kopien der Originalentwürfe in neuen Farbstellungen, die auf die Laura-Ashley-Farbskala abgestimmt sind.

Alles ist in einem expressiven, malerischen Stil dekoriert – die Spiegelrahmen, die Keramikobjekte und die Möbel; auch die Stoffmuster passen sich dem Dekorationsstil an. An der Wand hängen ein paar Blumenstücke, deren Rahmen in die Malerei einbezogen sind. Sie sind mit gemalten Festons dekoriert. In den oberen Teil des Rahmens ist ein kleiner Zerrspiegel eingelassen. Ein Schrank ist mit Architekturmotiven und spontanen Phantasieformen bemalt. Über dem Kamin hängt ein herrlich exzentrischer Spiegel, dessen Rahmen mit mehreren kleinen runden Spiegeln besetzt und mit spontanen Pinselstrichen bemalt ist. Man fühlt sich in die Zeit des Charleston versetzt, so als gingen Duncan Grant und Vanessa Bell mit einem Pinsel durch das Haus, um im Vorübergehen ganz impulsiv hier eine Blume, dort eine Frucht, eine Spirale oder eine Girlande auf die Möbel zu malen. Sollten Sie in Ihrem Haus noch keine festlich drapierten Querbehänge haben, wie sie in den großen Landhäusern üblich sind, dann malen Sie sich welche. Dann haben Sie eine phantasievollere und lustigere und dazu völlig unkonventionelle Dekoration.

Für ein Kinderzimmer ist der Stil der dreißiger Jahre ideal. Er ist hell und heiter und bevorzugt einfache, praktische Möbel, die robust und unendlich strapazierfähig sind. Die dreißiger Jahre waren eine pragmatische Zeit, und Sparsamkeit war für die meisten Menschen eine wichtige Vokabel. Der Geist dieser Jahre läßt sich an einigen Merkmalen sofort erkennen. Als erstes an der Farbkombination. Hier kontrastiert das Pastellgelb der Wände mit dem *»smoke blue«* (rauchblau) der Bilderleiste, der Holzschabracke und der Kaminverkleidung. Durch die hellen freundlichen Farben wirkt der Raum fröhlich und peppig.

Seit den dreißiger Jahren sind Figuren aus Comic Strips populär. Hier wurden sie zur Dekoration des Grammophons und des pinkfarbenen Teppichs verwendet, der auf dem blauen Fußbodenbelag liegt, und tauchen auch auf den einfach gerahmten Bildern auf. Sofa und Sessel in den weichen, runden Formen des 20. Jahrhunderts sind vollkommen mit Stoff bezogen. Die freihändig gezeichneten Streifen in hübschen Pastellfarben unterstreichen die kindhafte Atmosphäre. Das niedliche Sofa ist auf Kindergröße reduziert. Die Vorhänge haben ähnliche, aber dünnere Streifen; das Muster der Kissen und der Decke des Puppenteetisches besteht aus flächig-stilisierten Blüten in weichen Pastelltönen.

Korbmöbel waren sehr beliebt in den dreißiger Jahren, vor allem die meist weißen Lloyd-Korbstühle. Die Korbstühle auf der Abbildung sind naturfarben; sie wirken mit ihrem gesteppten Polsterüberzug, im gleichen Streifen wie das Sofa, sehr bequem. Für die nostalgische Stimmung sorgen der Spiegel aus der Vorkriegszeit, der an einer Kette über dem Kamin hängt, und der stilisierte Radioapparat.

Moderner Stil

Rückblick

Dieses elegante Interieur einer Pariser Wohnung aus dem ersten Jahrzehnt des 20. Jahrhunderts nimmt in einigen Dekorationselementen den Stil der zwanziger Jahre vorweg. Auf die einfarbigen Wände ist – in klassizistischer Manier – eine Sockelzone mit Pilastern aufgemalt. Die Chaiselongue weist Regency- und Empire-Elemente auf und zeigt bereits Anklänge an den Stil der »Ballets Russes«, der schon bald in die Welt der Innenausstattung einbrechen sollte.

Schon die Worte »moderner Stil« beschwören die Vorstellung von klaren strengen Linien, von neutralen Farbzusammenstellungen in Schwarz und Weiß oder klaren leuchtenden Primärfarben, von einem Minimum an Dekor und von Chrom, Glas und Stahl – den neuen Materialien des 20. Jahrhunderts mit ihren glatten, polierten Oberflächen. Die Moderne gebärdete sich schließlich so radikal, daß die bestehende Ordnung bedroht schien. Als Reaktion darauf entwickelte sich eine Vielfalt von Stilvarianten, die ihrerseits sehr eigenständige, entwicklungsfähige Entwürfe hervorgebracht haben.

Wo liegen die Wurzeln des Einrichtungsstils des zwanzigsten Jahrhunderts? In den ersten Jahrzehnten gab es eine außergewöhnliche Blüte des Einrichtungsdesigns, die internationale Ausmaße hatte. Design wurde wichtiger als Dekoration, Funktion gewann Oberhand über Ornamentales, die Stadt wurde anstelle der Provinz Lebenszentrum und neue Materialien und Techniken ersetzten die traditionellen.

Die Erbschaft der Moderne ist die sanfte Ruhe geordneter Räume, die Betonung klassischer Linearität und Form, die Beschränkung auf das Wesentliche. Doch kann ein Raum viel mehr als eine »Wohnmaschine« sein, besonders wenn die Meisterleistungen moderner Entwerfer sich mit der Freude am Dekorativen und am Reiz zeitloser Ungezwungenheit und Behaglichkeit verbinden. □

Dieser einfach eingerichtete Raum in einem Stuttgarter Haus wurde 1905 von Hans Heller entworfen. Der Entwurf zeigt die Richtung, in der sich die Inneneinrichtung entwickeln sollte. Zukunftsweisend sind die einfache, in Weiß und leuchtendem Grün gestreifte Sitzbank, die nach »High-Tech« aussehende Kaminverkleidung im Mackintosh-Stil und das Fehlen von überflüssigen Dekorationselementen im allgemeinen.

Der erste große Wendepunkt in der Kultur des 20. Jahrhunderts trat 1918, nach Beendigung des Ersten Weltkrieges, ein. Ein geschwächtes Europa lehnte sich nach vier Jahren unvorstellbaren Grauens erschöpft zurück. Diejenigen, die überlebt hatten, wollten einen vollständigen und radikalen Wandel, die sofortige Abschaffung der alten Ordnung und den unmittelbaren Aufbruch in die neue Zeit. Viele glaubten an die göttliche Macht der Maschine und der Technologie, sie glaubten, daß die Maschine durch eine Veränderung der Lebensbedingungen neue Wunder vollbringen könne.

Das Bauhaus

Aber die Geschichte läuft nicht nach einem präzisen Zeitplan ab, man kann die Entwicklung nicht aufhalten und an einem beliebigen Zeitpunkt neu beginnen lassen. Die künstlerischen Initiativen des 20. Jahrhunderts haben ihre Wurzeln in der Vergangenheit. Auf dem Gebiet des privaten Wohnbaus war der amerikanische Architekt Frank Lloyd Wright (1869–1959) seiner Zeit weit voraus. In den neunziger Jahren des vergangenen Jahrhunderts schuf er flache Wohnhäuser, die sich durch diverse zukunftsweisende Neuerungen auszeichneten: durch die Verschränkung von Innen und Außen, ineinander übergehende, weitflächige Räume, Panoramafenster, die die Landschaft in den Wohnraum einbeziehen und ziegelummauerte Kaminverkleidungen, die teilweise bis zur Decke reichen. Wrights Ideen hatten großen Einfluß auf die europäische Architektur, vor allem aber seine Forderung, »es ist ganz unmöglich, die Häuser als *eine*

Sache und ihre Einrichtung als eine andere zu betrachten«. In Wien arbeiteten Josef Hoffmann und Adolf Loos in seinem Sinn und traten für betonte Einfachheit und Geschlossenheit des architektonischen Entwurfs ein; in Deutschland entwickelte Walter Gropius ein Programm für die Massenproduktion vorgefertigter Standardelemente für kleinere Wohnhäuser. Die Massenproduktion und die Beschränkung auf das Notwendige bestimmte das Denken der Avantgarde: »Eine Sache anstelle von vielen«, sagte Frank Lloyd Wright, »lieber eine große Sache als eine Ansammlung von kleinen.«

Das waren die Wurzeln, aus denen die erste große Design-Bewegung der Nachkriegszeit, das *Bauhaus*, hervorging. Es wurde 1919 von Gropius als Kunstinstitut gegründet und verband eine geistig-künstlerische mit einer praktisch-handwerklichen Ausbildung. Im Bauhaus gab es Werkstätten für die Gestaltung von Möbeln, von Keramik, Metallarbeiten, Graphik und Mode; sie wurden geleitet von den führenden Persönlichkeiten auf den jeweiligen Gebieten. Leitgedanke war – nach Gropius – das »Streben nach einem universellen Entwurfsstil, der Ausdruck der Integration von Gesellschaft und Kultur ist«. Der Bauhausstil, der vor allem das Konzept der Funktionalität betonte, verbindet die Forderungen ästhetischer und geometrisch-abstrakter Konstruktionsweise und ist noch immer das beherrschende Element der Wohnraumausstattung. Bauhausentwürfe wie der Stahlrohrsessel, den Marcel Breuer 1925 schuf, werden noch heute produziert. Die Technik des Biegens von Stahlrohr, die Breuer anwendete, stammte von der Technologie des modernen Flugzeugbaus. Als nächstes Modell folgte 1926 der freitragende Stahlrohrstuhl mit Ledersitz. Eine weitere Neuerung waren die Einbaumöbel. Das Bauhaus kämpfte gegen Dekor und alles Überflüssige, es unternahm den umfassenden Versuch, ein zukunftsweisendes Design zu entwickeln, das die Ästhetik des technischen Zeitalters repräsentieren sollte.

Léon Bakst war der Doyen der Bühnen- und Kostümentwerfer im Paris der zwanziger Jahre. Er hatte vorwiegend für den Ballettimpresario Diaghilew gearbeitet und war maßgeblich an der Entwicklung des Stils beteiligt, den man als »Style Ballets Russes« bezeichnete und der schon bald die Ausstattung eleganter Interieurs in London, Paris und New York beeinflussen sollte. Das Aquarell ist der Entwurf eines Eunuchenkostüms für das Ballett »Scheherazade«, es ist charakteristisch für die befreite Linie und den unwahrscheinlichen Farbsinn von Bakst.

Während in Deutschland das Bauhaus die Entwicklung vorantrieb, waren im übrigen Europa ähnliche Bewegungen im Gange. In Rußland entstanden im Gefolge der Revolution von 1917 neue künstlerische Initiativen wie der Konstruktivismus und der Suprematismus. Beide Kunstrichtungen erklärten die von mechanischen und geometrischen Formelementen beherrschte Kunst zur politischen Aussage. Die Innenausstattungen und Möbelentwürfe des Holländers Gerrit Rietveld waren im Grunde Übersetzungen der kompromißlos abstrakten Malerei von Piet Mondrian. Zu Rietvelds Entwürfen gehörten die Ausstattung des Schröder-Hauses in Utrecht, das 1924 entstand, und der berühmte »rotblaue« Stuhl von 1917, dessen Sitz und Rückenlehne aus glatten Holzflächen bestanden. In Italien entstand ein »offizieller« Architektur- und Designstil, mit dem sich das faschistische Regime identifizierte. Er strebte mit seinen kühnen und eindrucksvollen Formen, mit Materialien wie Marmor, Glassteinen und großzügig verwendeten Holzverkleidungen eine Art Neo-Klassizismus an.

Der Einfluß des Art Déco

Moderne Bestrebungen dieser Art lagen den Franzosen nicht so sehr. Das Paris von Picasso, Braque, Léger, Getrude Stein und Scott Fitzgerald neigte zu temperamentvolleren, witzigeren und eher eklektischen Formulierungen. Diaghilevs »Ballets Russes« – exotisch und extravagant mit seinen Bühnendeko-

Klassiker der Innenausstattung überdauern ihre Zeit. Dieses zeitgenössische Appartement, in dem einst Martin Battersby – Kunstmäzen der zwanziger Jahre – wohnte, strahlt die Atmosphäre dieser Epoche aus. Die Wand bedeckt ein Schachbrettmuster in Silber und Gold, das an Wiener Künstler der Zeit denken läßt. An der Wand hängt ein Bild von Léon Bakst, davor steht eine Vase von Neilz, und auf den Fensterbänken sind Vasen von Dunand zu sehen. Alle drei gehörten zu den Designern, die das Gesicht der zwanziger Jahre gestalteten.

rationen in satten Grün-, Rot-, Violett- und Orangetönen – übten einen ungeheuer starken Einfluß auf das zeitgenössische Design aus und vertrieben mit ihrer Kühnheit und ihrer ungebändigten Kraft die artifiziell gewundenen Linien des Jugendstils (Art Nouveau) der neunziger Jahre des 19. Jahrhunderts. Kubismus und Dada waren die wichtigsten Richtungen in der bildenden Kunst. Neue Impulse kamen teils von den Schnitzereien der Naturvölker mit ihrer ungestümen Kraft, teils von altägyptischen Friesen. In der Musik war Jazz der letzte Schrei. Aus all diesen Elementen entstand der neue Designstil, der als Art Déco bekannt wurde.

Höhepunkt des Art Déco war die Exposition Internationale des Arts Décoratifs et Industriels, die 1925 in Paris stattfand. Der Pavillon des Möbeldesigners Jacques-Emile Ruhlmann war besonders prächtig: In einem kreisförmigen Salon, dessen Wände mit gemusterter Seide ausgeschlagen waren, hing ein riesiger Kristallüster. Das Muster der Seide bestand aus Vasen-, Blüten- und Vogelmotiven. In den anderen Pavillons waren Arbeiten aus Schmiedeeisen, Wandverkleidungen und Lackarbeiten ausgestellt. Raffinierte Gestaltung und Luxus der Materialien bestimmte den Trend. Der berühmte Glaskünstler René Lalique zeigte ein aufsehenerregendes Speisezimmer. Es hatte beige-graue Marmorwände mit Inkrustationen in Weiß und Silber und eine Deckenverkleidung aus Glas, unter deren Kassetten die Beleuchtung verborgen war. Art-Déco-Künstler hatten eine Vorliebe für neue und ausgefallene Materialien wie Amboyna-, Oliven- und Ebenholz, für Haifischhaut und Pergament, das für

Auf dem Tisch – ein Entwurf von Jacques-Emile Ruhlmann – ein Arrangement dekorativer Objekte im Stil der zwanziger Jahre: ein Zigarettenetui, ein Aschenbecher und eine Lampe von Roland.

Paneele verwendet wurde, für Aluminium und den neuen Kunststoff Bakelit. Zu den noch erhaltenen Interieurs im Art-Déco-Stil außerhalb Frankreichs gehören das Strand Palace Hotel und das Savoy Theatre in London und die Radio City Music Hall in New York. Für die Innenausstattung bedeutete Art Déco Farbigkeit, stromlinienförmige Gestaltung und als dekorative Elemente geometrische Muster in Zickzacklinien und Kreisbögen. Insgesamt war es ein sehr modischer Stil, der jedoch bald wieder ad acta gelegt wurde, weil er von vielen als kurzlebiger Tand abqualifiziert wurde. Nach der Weltwirtschaftskrise von 1928/29 und der daraus resultierenden Depression war die Stimmung in den dreißiger Jahren weniger optimistisch und enthusiastisch als in den Goldenen Zwanzigern mit ihren Grammophonen, Cocktails, Cabarets und schockierenden Tänzen wie Charleston und Black Bottom. Das *Decorative Year Book* von 1932 gibt dazu folgenden Kommentar:

> »Das Jazz-Zeitalter soll angeblich vorüber sein. Extravaganz und Exzentrizität waren das Gewürz, das die hektische Nachkriegszeit brachte; es herrschte die gleiche fieberhafte Betriebsamkeit wie im Krieg, gleichzeitig aber auch die hochgespannte Stimmung, die das Kriegsende hervorgerufen hatte. Alles das nähert sich nun seinem Ende.«

Nach Osbert Lancasters satirischer Beschreibung bestand der Art Déco aus »ein paar handgetöpferten, irdenen und sehr unhandlichen Gefäßen mit einer häßlichen grünen Glasur, in denen vielleicht ein Stachelbeerzweig steckte ... als oberer Abschluß zog sich rund um die Wand ein Fries aus gemalten Seerosen in einem kompliziert gewundenen Muster, das sich höchstwahrscheinlich auf Kacheln oder als gehämmertes Motiv in Kupfer als Schmuckornament über dem Kamin wiederholte«.

Die Schönheit der Maschine

In der Architektur war der bedeutendste Name Le Corbusier, der mit bürgerlichem Namen Charles Jeanneret (1887–1965) hieß. Seine Studienzeit hatte er vorwiegend in Deutschland und Österreich verbracht, wo er durch die im Entstehen begriffenen neuen Design-Ideen beeinflußt wurde. Aus seiner frühen Begeisterung für das Automobil und das Flugzeug wuchs das Gefühl für die Schönheit der Maschine. Er glaubte, man könne durch den Einsatz der Maschine eine ideale Umwelt für den Menschen schaffen. Es ist bezeichnend für seine Architekturphilosophie, daß er das Wohnhaus stets als »Wohnmaschine« bezeichnete. In seinem Buch *Vers une Architecture (Kommendes Bauen)* von 1925 faßte er zusammen, was er beim Hausbau für das Wichtigste hielt:

> »... ein Badezimmer in Südlage, es soll einer der größten Räume des Hauses oder der Wohnung sein ... eine Wand soll vollständig gekachelt werden ... fordere kahle Wände in deinem Schlafzimmer, in deinem Wohnzimmer und deinem Speisezimmer. Einbaumöbel sollen die herkömmlichen Möbel ersetzen, die teuer sind, zuviel Platz beanspruchen und gepflegt werden müssen ... Wenn du kannst, laß die Küche im obersten Stockwerk installieren, um unangenehme Gerüche zu vermeiden ... Bringe deinen Kindern bei, daß ein Haus nur dann bewohnbar ist, wenn es voller Licht und Luft ist, wenn die Fußböden und Wände nicht verstellt sind. Um die

OBEN: *Dieses Interieur, 1930 von Gutmann entworfen, ist ein typisches Beispiel für die Farbkombinationen, die in den dreißiger Jahren modern waren. Der lange, niedrige Raum ist in eine Symphonie von pastelligen Blau-, Apricot- und Cremetönen getaucht – Farben, die das Licht der Mittelmeerregion widerspiegeln, in der Le Corbusiers Wohnmaschine entstand.*

LINKS UND OBEN RECHTS: *Der Wohnstil der dreißiger Jahre ist gekennzeichnet durch lichtdurchflutete Räume und die Abwesenheit unnötiger Details einerseits und durch wertvolle Materialien und eine solide Bauweise andererseits. In diesem, von der Stromlinie beherrschten Wohnraum von 1937 wurden nur die besten Materialien verwendet: englischer Ahorn, Palisanderfurniere und elegant gestyltes Aluminium.*

Fußböden in Ordnung halten zu können, vermeide schwere Möbel und dicke Teppiche.«

Die Mehrzahl der sechsundzwanzig Gebäude, die Le Corbusier während der zwanziger Jahre baute, waren Wohnhäuser, die alle die für ihn charakteristischen Merkmale haben: große breite Fenster, die das natürliche Licht hereinlassen; den freien Grundriß und bewegliche Trennwände, die Wohnraum und Eßplatz nach Belieben trennen; und die Freilegung des konstruktiven Baugerüsts. In späteren Jahren konzentrierte sich Le Corbusier auf Appartementblöcke, von denen die degenerierten Wohnsilos der Nachkriegszeit abstammen.

In den dreißiger Jahren wurde in der Innenausstattung Wert auf stromlinienförmiges Design gelegt. Die Bezeichnung »Stromlinie« stammt von dem amerikanischen Designer Norman Bel Geddes. Er verwendete sie zum ersten Mal in seinem Buch *Horizons,* in dem er seine Ideen über das Industriedesign darlegte. Vom Staubsauger bis zum Bleistiftanspitzer, vom Rasierapparat bis zur Zahnpastatube, von der Zigarettenpackung bis zum Kühlschrank – alles was in dieser amerikanischen Variante des modernen Stils angeboten wurde, war auf die Bequemlichkeit des Verbrauchers zugeschnitten und förderte einen Materialismus zutage, wie er seit der viktorianischen Epoche nicht mehr vorgekommen war.

Die Utility-Epoche in Großbritannien

1939 machte sich die Welt wieder einmal auf den entbehrungsreiches Weg in den Krieg, und alle ästhetischen Aspekte der Innenausstattung mußten zugunsten reiner Funktionalität vernachlässigt werden. Möbel und Stoffe wurden streng rationiert, und die Industrie konzentrierte sich auf die Produktion kriegswichtiger Güter wie Waffen, Uniformen und militärische Ausrüstungsgegenstände, die den »modernen technischen Stil« reflektierten.

1943 begann man in Großbritannien unter der Leitung von Gordon Russell vom British Board of Trade, »Utility«-Möbel zu produzieren. Dieser Stil ist aus Russells eigenen Versuchen in den dreißiger Jahren hervorgegangen. Er wollte, nach dem Vorbild von William Morris, die Merkmale guter handwerklicher Gestaltung und die nicht zu leugnenden Vorteile effizienter maschineller Produktion unter einen Hut bringen. Ziel dieser Bemühungen war die Einsparung von Rohstoffen, ohne daß dadurch die Grundsätze des guten Designs verletzt wurden. Das »Utility«-Programm hatte zwei Vorteile: Es gab dem britischen Möbeldesign neuen Auftrieb und sollte vielen Verbrauchern ermöglichen, sich Möbel in einer guten Qualität kaufen zu können, die sie sich normalerweise nicht leisten konnten. Man könnte also annehmen, daß Russell mit seinen »Utility«-Möbeln zum Teil die »Arts-and-Crafts«-Ideale von Morris verwirklichte. Das stimmt aber nicht ganz, denn die Entwürfe waren ziemlich trist und nicht sehr geschmackvoll. Außerdem war der Zeitpunkt ihres Erscheinens denkbar ungünstig. In den Nachkriegsjahren war sowieso alles kahl und nüchtern; und unmittelbar nach den »Utility«-Möbeln kam der Wohnungsbau mit vorgefertigten Teilen, wie ihn Gropius vierzig Jahre davor propagiert hatte. In der Dekoration herrschte ein eskapistischer Trend: Jahrmarkts- und Zirkusmotive als Tapetendekor waren ein billiger, aber ungeeigneter Versuch, die Stimmung zu heben. Da erschien die amerikanische Glitzerwelt mit den chromblitzenden Sportwagen und dem Wunder der Nachkriegszeit, den Nylonstrümpfen, sehr viel attraktiver.

Das Interieur der fünfziger Jahre

Das Symbol des Festival of Britain von 1951 gab vielen jungen Designern die Möglichkeit, ihr Talent zu beweisen und neue Ideen einzubringen. Für viele bedeutete das Festival of Britain den Beginn einer neuen Nachkriegsepoche, die von positivistischem Denken geprägt war und die den Weg freimachte für die freieren Experimente der sechziger Jahre.

Die kärglichen Jahre endeten 1951, als in Verbindung mit dem Festival of Britain eine Flut von Ausstellungen und Wettbewerben stattfand, die neuen Glanz und neue Leistungsfähigkeit demonstrierten. Der Stil, der sich in den Produkten manifestierte, wurde in Großbritannien häufig als »zeitgenössisch« bezeichnet. Im Grunde war es eine Vereinfachung und Popularisierung dessen, was die Moderne zwischen den beiden großen Kriegen hervorgebracht hatte. Die Stoffentwürfe von Lucienne Day und die Möbelentwürfe von Ernest Race waren typisch für die fünfziger Jahre, ebenso wie die leicht zu handhabende Wohnungsausstattung, die man im »Do-it-yourself«-Verfahren eigenhändig installieren konnte. Die Hersteller konzentrierten sich vor allem auf die Gestaltung von Kücheneinrichtungen, wobei die Verwendung praktischer Kunststoffoberflächen die Küchen komfortabler und benutzerfreundlicher machte. In der gesamten westlichen Welt nahm die Größe der Wohnungen ab: Statt der Terrassenhäuser wurden, in Übereinstimmung mit der Wiederaufbaupolitik der Nachkriegszeit, turmartige Wohnblöcke gebaut. Am deutlichsten machte sich der neue Trend in der zunehmenden Tendenz bemerkbar, Wohnhäuser mit freiem Grundriß zu bauen. In seinem einflußreichen Buch *Tomorrow's House* von 1950 sprach der Stilkritiker George Nelson in diesem Zusammenhang vom »Umbuchen« der »kleinen abgeteilten Würfel, die man Zimmer nennt«. Das Prinzip des freien Grundrisses hatte den Vorteil, daß es kleine Häuser oder Wohnungen größer erscheinen ließ, als sie eigentlich waren. Außerdem kam es der gelockerten Form des Familienlebens entgegen, die sich herauszubilden begann. Eine herrliche Satire auf die Gefahren dieses neuen Lebensstils ist Jacques Tatis Film *Mon Oncle.* Einbaumöbel beherrschten nun die Szene, und die Kombination von Küche und Eßraum begann sich einzubürgern. Weitere

In diesem Londoner Gesellschaftszimmer macht sich der Einfluß des Stils der fünfziger Jahre bemerkbar. Die einzelnen Elemente zeigen sich in dem eklektischen Dekorationsschema, das individuell und von raffinierter Einfachheit ist. Die blassen Farben der Wände und des Bücherschrankes, der cremefarbene Teppich und die wolkenförmige Tischplatte – alles deutet auf die klaren, unverstellten Linien des skandinavischen Designs der fünfziger Jahre hin, das nach dem Festival of Britain populär wurde.

Neuerungen waren das Panoramafenster und die Zentralheizung, die den offenen Kamin ablöste.

Als Folge der Tendenz zu immer kleineren Wohnungen wurden auch die Möbel kleiner. Le Corbusiers Empfehlung, schwere Holzmöbel gegen kleinere, leichtere Anbaumöbel mit Leichtmetallrahmen einzutauschen, wurde schließlich angenommen. Schon 1939 hatte Hans Coray Stapelstühle aus Stahlrohr entworfen, ein Design, das noch in den achtziger Jahren produziert wurde. Ein großer Entwurf war auch dem amerikanischen Möbeldesigner Charles Eames gelungen, der zusammen mit dem Finnen Eero Saarinen den berühmten amerikanischen Stapelstuhl mit einer Sitzschale aus verformtem Schichtholz entworfen hatte. Daran anknüpfend schuf Eames 1950 einen Armsessel mit einer Sitzschale aus fiberglasverstärktem Polyester. Diese Stuhlentwürfe waren revolutionierend: Mit einem Minimum an Material wurde ein Maximum an Komfort erreicht. Im *Daily Mail Ideal Home Book* von 1951–52 hieß es in einer Beschreibung von Eames' Entwürfen, sie »haben etwas Simples, beinahe Rustikales an sich, aber das scheint nur so, dazu sind sie viel zu grazil und viel zu raffiniert gestaltet. Die Stühle und Tische stehen allesamt auf nach außen gespreizten, sich nach unten verjüngenden Beinen wie eine Ballettänzerin auf der Spitze . . . Dadurch soll die verfügbare Bodenfläche kleiner Räume größer wirken – ›fließend‹ nennen das die Designer«.

Eine weitere sehr populäre englische Möbellinie der fünfziger Jahre waren die G-Plan-Möbel, eine Neuinterpretation von Russells »Utility«-Stil. Zu diesem Programm gehörten Regalsysteme und Raumteiler: »Machen Sie Ihr eigenes Design und montieren Sie Ihre Möbel selbst; bei uns können Sie sie verpackt als Einzelteile kaufen«, lautete die Werbung der großen Möbelkaufhäuser.

Für die Mehrzahl der Briten verkörperte der »zeitgenössische Stil« mit seiner flotten, heiteren Ausstrahlung den Gipfel des Modernen. Die Begeisterung für die »Do-it-yourself«-Bewegung zeugte von der positiven, energischen und fortschrittlichen Lebenseinstellung. Pflanzen, kleine Bilder und zeitgenössische Ornamente füllten jedes Heim, wobei die Betonung auf dem Spröden und dem Spitzwinkligen lag. Die Beleuchtung entwickelte sich ganz eindeutig weg von der Ausleuchtung des Raumes zur Beleuchtung von Teilbereichen. In der Farbgebung kontrastierten leuchtende Primärfarben mit gedämpfteren Tönen. Bei den Mustern waren geometrische Formen wie Sterne, Kreise und Sechsecke sehr beliebt – Formen, die man leicht mit der Laubsäge aussägen konnte. Die Tapetenmuster wurden anspruchsvoller – das galt nicht nur für die oberen Preisklassen, wo Bespannungen aus grober Jute oder Seide sehr beliebt waren –, sondern auch für ganz normale Küchen- und Badezimmertapeten. Hier erwiesen sich abwaschbare und dampfundurchlässige, vinylbeschichtete Tapeten als außerordentlich praktisch. Vor allem das Badezimmer kam jetzt zu seinem Recht; es wurde tatsächlich, wie der Stilkritiker John Prizeman sagte, »ein Raum, in dem man sich entspannen, in dem man nachdenken, Musik hören, Bilder anschauen, lesen, träumen, trinken, Weintrauben essen, Gymnastik machen und singen kann!«

Neben Großbritannien waren die Vereinigten Staaten das zweite Land, aus dem in den fünfziger Jahren neue Impulse kamen. Die Wertmaßstäbe und die Artefakte der Massenkultur wurden nach Europa exportiert – von den Zelluloid-Träumen aus Hollywood bis zu den Motorrädern und Transistorradios. Die Verbreitung des Fernsehens brachte nicht nur soziale Veränderungen mit sich – der Fernsehapparat veränderte auch das Gesicht des Wohnzimmers.

Einige der besten Entwürfe der fünfziger Jahre kamen zweifellos aus Skandinavien, das den klaren Linien seiner Volkskunst, den würdevoll-schlichten Interieurs aus Holz und seiner hervorragenden Handwerkstradition treu geblieben war. Zu Anfang der fünfziger Jahre war Schweden führend, später wurde es von Dänemark überholt. Einer der bekanntesten dänischen Entwürfe ist der »Ameisen«-Stuhl von Arne Jacobson aus verformtem Schichtholz und Stahl, der strengen Funktionalismus in echte Eleganz verwandelt. Die Finnen waren insgesamt kühner in ihren Entwürfen; besonders bekannt sind ihre Textilien in frischen wirkungsvollen Farbzusammenstellungen. Im Gegensatz zum angloamerikanischen Design, das zum großen Teil beliebig ist – zwar technisch auf der Höhe der Zeit, aber minderwertig in Ausführung und Qualität –, bewirkte der skandinavische Einfluß auf das europäische Design eine Rückbesinnung auf Vernunft und Tradition.

Das italienische Design

Gegen Ende der fünfziger Jahre ließ sich nicht mehr übersehen, daß es an der Zeit war, die Dürftigkeit des »zeitgenössischen« Designs durch etwas Neues zu ersetzen und daß moderne Bestrebungen allgemein dynamischer werden müssen, wenn sie ihre Schubkraft nicht verlieren sollen. Die Antwort kam weder aus dem so zuversichtlichen Großbritannien noch von Frankreich, dem Trendsetter der Vergangenheit; sie kam auch nicht aus Deutschland, der Wiege der Moderne, oder aus dem Amerika der Stromlinie. Die Antwort kam aus Italien.

Nach dem Zweiten Weltkrieg setzte in Italien eine heftige Reaktion gegen den Stil der dreißiger Jahre ein, der mit Mussolini und dem Faschismus in Verbindung gebracht wurde. Das italienische Design der fünfziger Jahre wirkte ausgeglichen, weich und abgerundet; es läßt sich am besten mit dem Begriff »organisch« beschreiben. Die neuen Produkte der italienischen Industrie waren weit verbreitet: jeder kannte die Olivetti-Schreibmaschine, Gio Pontis Kaffeemaschine und den grazilen Vespa-Motorroller, der geradezu zum Symbol der kauffreudigen Jugend der späten fünfziger Jahre wurde. Die Möbelfirma Cassina produzierte eine Anzahl wichtiger neuer Entwürfe, darunter auch Pontis Stuhl *superleggera* von 1957. Es ist durchaus nicht verwunderlich, daß ein Land wie Italien mit seinem Reichtum an Begabung und Dynamik auf diesem Gebiet zu Beginn der sechziger Jahre zum größten Möbelexportland der Welt wurde.

Die revolutionierende Entwicklung des italienischen Designs ging neue Wege, vor allem in der Verwendung neuer Materialien wie verformtes Sperrholz, Metallfolie, Metallrohr, Glas, Schaumgummi und Kunststoffbeschichtung. Auf dem Gebiet der Kunststoffverarbeitung war es vor allem Gino Colombini, der zwischen 1955 und 1960 für die Firma *Kartell* einige herausragende Entwürfe für Haushaltsgegenstände, wie Konsolbretter, Gemüsekörbe und Plastiksiebe, schuf.

Im Laufe der Zeit verbreitete sich das elegante italienische Design in allen europäischen Ländern. Der florentinische Designer Andrea Branzi bemerkte, »selbst die kleinste Tischlerwerkstatt hat gelernt, Bartheken zu bauen, die wie Originalentwürfe von Gio Ponti aussehen«.

Die sechziger Jahre

In den sechziger Jahren war Italien tonangebend im Design. Doch diesmal waren es nicht theoretische Überlegungen, die die Entwicklung vorantrieben, sondern ein soziales Phänomen. Die Stellung der Jugend in der Gesellschaft

In den sechziger Jahren entwickelte sich eine nie dagewesene gesellschaftliche Freiheit, die sich in allen Bereichen des Lebens, einschließlich der Innenausstattung bemerkbar machte. Auf diesem Gemälde von David Hockney, das den Designer Ossie Clark mit seiner Frau darstellt, sind einige typische Ausstattungselemente der frühen siebziger Jahre zu erkennen: der glatte, weiße Kaffeetisch, die französischen Fensterläden, der dichte Schafwollteppich auf dem Boden und Clarks Stahlrohrstuhl. Es war die gleiche Zeit, in der Laura Ashley begann, den Markt mit ihrem berühmten, farblich abgestimmten Einrichtungszubehör im rustikalen Stil zu erobern. Dazu gehörten einfache Keramiklampen und natürlich auch einfarbig gemusterte Teppiche mit deutlich ländlichem Flair.

hatte sich verändert. Sie gab viel Geld aus und sie bestimmte ihren eigenen Stil. In seinem Roman *Absolute Beginners* von 1959 verkündet Colin Macinnes die Geburt eines neuen Bohème-Stils der Teenager und beschreibt ihn als leger und bewußt distanzierend. »Ich habe alles in einer Art anti-verachtungsvollem Stil dekoriert, unter anderem mit Tante Fannys Tapete – in einem Farbengeschäft in der Portobello Road habe ich ein paar Reste gefunden«, sagt der Held des Romans, »ich habe mir auch noch ein Bett für drei und den üblichen Stuhl mit Tisch gekauft; aber das ist der einzige Stuhl, zum Sitzen habe ich noch – als einzigen Luxus – ein paar Kissen, die auf dem Boden liegen und einen Teppichboden ... Sonst habe ich nur noch einen Plattenspieler, mein kleines Transistorradio und haufenweise Platten und Bücher, die ich mir im Laufe der Zeit angeschafft habe.«

Zuerst stiegen die Verkaufszahlen von Motorrollern, Motorrädern und Radios steil an, dann folgten sehr schnell die Möbel. Es wurden aber nicht, wie bisher, dreiteilige Garnituren gekauft oder etwa doppeltschwere Vorhänge. Die Jugend der sechziger Jahre hatte erkannt, daß die persönliche Umgebung eines Menschen, genau wie seine Kleidung und das, was er sonst noch besitzt, nicht nur seinen Charakter, sondern auch seinen gesellschaftlichen Status widerspiegelt. Stil war wichtig; die Botschaft der Popkultur lautete: »Freiheit und Ausprobieren«, wobei das Material nicht so wichtig war. Diese Maxime hatte starken Einfluß auf den Wohnstil: Nichts Feierliches, nichts Dauerhaftes war gefragt.

Terence Conran schlug Kapital aus dieser Einstellung. Er eröffnete sein erstes Geschäft in der Fulham Road in London und wurde über Nacht zum führenden Exponenten des »gebündelten guten Geschmacks«. Die *Sunday Times* berichtete über die Eröffnung: »Besonders die jungen Käufer wollen das Einkaufen für ihr Heim zu einer impulsiven, fröhlichen Angelegenheit machen.« London war der Mittelpunkt der »Swinging Sixties«, alles war ein bißchen hektisch, aber man hatte Spaß. Die Mode wechselte ständig: Aus Mini-Röcken wurden Maxi-Röcke, und die Farbe wechselte von Violett zu Türkis. Auch in der Innenausstattung jagte ein Hit den anderen; eine dieser kurzlebigen Sensationen, die über Nacht »in« sind, war Peter Murdochs gefleckter Papier-Stuhl von 1965.

Es gab natürlich auch Trends, die nicht so kurzlebig waren. Einer davon war das »futuristische Silber« mit seinen chromsilberfarbenen Spots, den Hochglanz-Stahlmöbeln und den silbrigen Kissenbezügen. Weiße Holzmöbel waren ein Wahrzeichen der sechziger Jahre, obwohl sie viel Pflege erfordern, und sind noch heute sehr beliebt. Der Italiener Joe Colombo hatte großen Erfolg mit seinen völlig verrückten Entwürfen wie das Faltbett, die Spinnenlampe, der »Elda«-Stuhl und die Schreibtischlampen aus Acryl; Quasar Khan entwarf aufblasbare Stühle aus durchsichtigem Kunststoff; und Zanutto entwarf neue Sitzkonzepte wie den »Sacco«-Stuhl, der mit Polystyrenkugeln gefüllt war.

Am anderen Ende der Skala, auf der Ebene des gehobenen Geschmacks, zeichnete sich bei den exklusiven und teuren Innenausstattern der Trend ab, die Qualität anzuheben und nicht mehr in erster Linie an den Preis zu denken. John Fowler leistete bei der Restaurierung von Landhäusern hervorragende Pionierarbeit; dabei halfen ihm seine eingehenden Studien über »korrekte« Muster und Farbzusammenstellungen von Stoffen aus verschiedenen Stilepochen. David Hicks war bekannt für seine kühnen Zusammenstellungen von alt und neu vor dem Hintergrund ausgefallener Farb- und Texturgegenüberstellungen, die auf der Kombination von Gegensätzlichem beruhten. Die Kunst der Innenausstat-

tung ist seiner Meinung nach »die Kunst, das Maximum mit dem Minimum zu erreichen«. Hicks' Ideen wirkten, wenn sie von weniger inspirierten Designern realisiert wurden, kalt und gekünstelt, und auf dem Hochglanzpapier von Zeitschriften sackte das Ganze dann schließlich zu einem schicken Allerweltsstil ab, über den Quentin Crisp trocken bemerkte: »Je besser das Einkommen, desto schlechter die Einrichtung.« Die Einrichtungskette Conran's ist noch immer führend in dem modernen, farbenfrohen, unkonventionellen Einrichtungsstil.

Um die Mitte der sechziger Jahre begann das ständige Getöse und der Elan der Popkultur nachzulassen, statt dessen wurden einige Stilarten der Vergangenheit aus der Versenkung hervorgeholt. Bei den Jungen deckte sich die Vorliebe für Viktorianisches mit ihrem bunt gemixten Erscheinungsbild, das typisch war für die Hippie-Flower-Power-Bewegung. Die Mittelklasse bevorzugte die gestreiften Tapeten des Regency und die eleganten Reproduktionen von Möbeln im georgianischen Stil. Die intellektuell Erleuchteten dagegen waren, sorglos und heiter, vom Kitsch fasziniert.

Die Postmoderne

Die Moderne ist noch immer lebendig, nicht nur im High-Tech-Stil der New Yorker Lofts mit den nüchternen Gerüsten, Fabriklampen, Autositzen, Vorratsregalen aus Metall und dem Gummibelag auf dem Fußboden. Die Moderne ist vor allem in der breiteren internationalen Bewegung lebendig, die als Postmoderne bezeichnet wird. Diese Bezeichnung wurde ursprünglich für einen Architekturstil verwendet, den amerikanische Architekten wie Michael Graves und Charles Jencks geschaffen hatten. Im postmodernen Design spielen Muster, Detail und Dekor wieder eine Rolle, während gleichzeitig die neuen Bau- und Produktionstechniken voll ausgeschöpft werden. Der postmoderne Stil blieb nicht auf die Architekten beschränkt. Von den Innenausstattern, die seinen Anregungen folgten, ist vor allem der Italiener Ettore Sottsass mit seinen Entwürfen hervorgetreten. Er bezieht sich auf gänzlich entgegengesetzte Richtungen wie die frühe amerikanische Popkultur und alte mystische Religionen.

Heutige Tendenzen

Die kühle Eleganz des modernen Designs, seine klare, vom Dekor unverfälschte Linienführung und die glatten Materialien, die die moderne Technologie uns beschert hat, sind nicht jedermanns Traum, wenn er an die Ausstattung seines Heimes denkt, sie passen auch nicht in jede Umgebung. Design und Dekoration durften wieder schön, heiter, nostalgisch und bequem sein. Das soll nicht heißen, daß die Firma Laura Ashley den modernen Stil ablehnt. Mit der Verwendung kühner Farben, abstrakter Muster und klarer eleganter Linien hat sie die besten Gestaltungsprinzipien der Moderne aufgegriffen und sie einem breiteren Publikum zugänglich gemacht. Sie hat sich der modernen Technologie bedient und hat Ideen verwirklicht, die unserer unkonventionellen Lebensweise angemessen sind. Damit hat sie bewiesen, daß es durchaus möglich ist, die Moderne auf elegante Art und Weise in Heim und Familie zu integrieren.

LINKS: *Der Eklektizismus der Innenausstattung in den »Swinging Sixties« kommt in den berühmten Tischarrangements von David Hicks zum Ausdruck. Hier kombiniert er die traditionellen Obelisken- und Urnenformen, die zu seinem Markenzeichen geworden sind, mit einem Avantgardegemälde und einem Dekorationsstoff in einem auffallenden, schwarz-weißen Op-Art-Muster.*

OBEN: *John Fowler lag mit seinen Entwürfen mehr im Trend als David Hicks. Er dekorierte das Wohnzimmer von Nancy Lancaster in einem etwas saloppen Landhausstil, der in den sechziger Jahren modern war und in den achtziger Jahren zum führenden Einrichtungsstil aufrückte.*

Laura Ashley

Dem Menschen ist das Gefühl für Stil angeboren, wir lieben Stil um des Stils willen. Wir lieben den Stil, der seine historischen Bezüge nicht leugnet, aber auch den spezifisch modernen Stil mit den lichtdurchfluteten Räumen, den klaren Linien und den ungewohnten Farbzusammenstellungen.
Der Ausstattungskunst vergangener Zeiten haben wir etwas Neues hinzugefügt, nämlich die geniale Fähigkeit, aus dem kleinsten Raum das Maximum an Eleganz herauszufiltern. Das gilt auch für Räume, die aus Platzgründen mehrere Funktionen haben. Wir vertrauen – wie dieses Interieur zeigt – auf verläßliche, klare Wirkungen: Hier ist es der große Blumentopf mit einfachem Liguster, die marmorisierte Sockelzone, das kontrastreiche Streifenmuster und die exquisite Farbzusammenstellung.

Laura Ashley wollte nie »modern« wirken, wollte nie »modernes Design« schaffen. Das Haus Laura Ashleys wollte vielmehr Entwürfe für das moderne *Leben* schaffen. Ein zeitgenössisches Interieur muß nicht aus Chrom, Glas, Kunststoff oder Stahlrohr bestehen. Für Laura Ashley bedeutet der moderne Stil kühle schlichte Eleganz, wobei die Dekoration nicht dem Design geopfert wird, sondern in glücklicher Harmonie neben ihm besteht. Ein Stil, der überall zu Hause ist.

Zeitlose, neutrale Muster passen sich modernen Appartements ebenso an wie traditionell eingerichteten Häusern. Die klaren Linien klassischer Streifenmuster, die geometrischen Muster eines gefliesten Fußbodens schaffen schon auf den ersten Blick eine zeitgenössische Atmosphäre. Flächig eingesetzte klare Farben haben als Gegengewicht weiß gestrichene Holzflächen, und Faltrollos sind eine elegante Fensterverkleidung ohne Schnörkel. Auch florale Muster, flächig und mit lockerem Pinselstrich hingeworfen, eignen sich für moderne Interieurs, sind aber gleichzeitig so typisch englisch wie die Namen von Mustern wie *Brighton Rock* oder *Cricket Stripe*. Die Räume sind nicht vollgestopft mit Objekten, erscheinen aber auch nicht karg.

Laura Ashley bedient sich der modernen Technologie und hat Ausstattungsideen entwickelt, die unserer unkonventionellen Lebensweise angemessen sind und gleichzeitig die besten Designideen des 20. Jahrhunderts stilistisch in das Heim der Familie integrieren. □

Durch ein paar einfache, aber auffallende Effekte kann man – wenn man sie durch Wiederholung betont – einem Raum einen modernen Charakter geben. Zu solchen Effekten gehören vor allem die drei nebeneinanderliegenden französischen Fenster, die eine ganze Wand beherrschen. Durch sie bekommt der Raum Licht im Überfluß, ein heute vielbegehrter Luxus. Die drei Fenster werden durch eine Holzrahmung zu einer Einheit zusammengefaßt, die auch dadurch nicht zerstört wird, daß sie teilweise durch eine Galerie, auf der in luftiger Höhe ein Bett steht, überschnitten werden. Alle Holzteile sind weiß gestrichen und heben sich von der *»apricot«* getünchten Wand ab.

Die Farbkombination der Ausstattung beschränkt sich auf das Spiel von Grau und Weiß auf dem weichen *»apricot«*. Die Wände sind in dem gleichen *»apricot«* gehalten wie die Sofas, die Decken der zwei Tische sind aus einem breitgestreiften Baumwollstoff in Grau und Weiß, der einen interessanten Kontrast zu dem ruhigen Hintergrund schafft. Das heitere Muster der Kissen, der Sitzbank und der Raffrollos verbindet die drei Farben des Interieurs; der pausbäckige »Westwind« bläst und bläht die mit lockerer Hand hingetupften, grauen Wolken auf weißem Grund. Genauso unkonventionell ist ein zweites Muster mit apricotfarbenen Blüten auf weißem Grund mit grauen Krakeln. Es wurde für die Sitzpolster der Stühle und für die Decke des großen Tisches verwendet. Ein eleganter Akzent ist der gerüschte Volant in Grau, mit dem Kissen und Tischdecke abgesetzt sind. Das Karnies ist einer der genialsten Aspekte der Dekoration, es ist mit Apricot und Grau abgesetzt und faßt damit nicht nur die Farbkombination des ganzen Raumes zusammen, sondern reflektiert auch die Lebhaftigkeit und Frische der Muster im unteren Teil des Raumes.

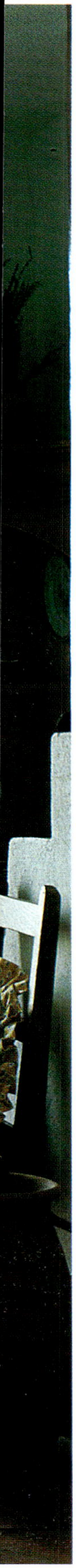

Dieses zeitgenössische Wohnzimmer in Port Grimaud ist ein vollendetes Beispiel des modernen Wohnstils, dessen wichtigstes Kriterium die Tendenz zum Einfachen ist. Die Ausstattung des Raumes verrät nicht, ob seine Bewohner arm oder reich sind, sie ist unprätentiös und voller Charme; ein modernes Beispiel schlichter Eleganz, kombiniert mit der Erdnähe der Provence. Die betont gerade Linienführung zeigt sich vor allem in dem niedrigen weißen Kaffeetisch, der strengen Sitzbank, den einfachen soliden Treppenstufen und dem quadratischen Muster der Fenstersprossen. Die weiß getünchten Wände, die Terracottafliesen, der Eckschrank mit dem hübschen Porzellan und die einfachen Küchenstühle verleihen dem Raum die Atmosphäre eines provenzalischen Bauernhauses. Hier zeigt sich, wie gut die klaren Linien moderner Interieurs mit der Kargheit rustikaler Einrichtungen harmonieren.

Das klare Licht, das wichtigste dekorative Element vieler moderner Häuser, kann ungehindert durch die französischen Fenster hereinströmen. Die Vorhänge mit ihrem frischen Streifenmuster hängen an weißen Ringen, und auch die Gardinenstangen sind weiß. Außer Weiß, den Naturtönen von Holz und Terracotta und der Transparenz von Glas gibt es nur zwei Farben in diesem Raum, einen hellen *»mustard«* (Senf)-Ton und ein *»sapphire blue«*. Die Sitzbank besteht aus drei ebenerdigen Schubladen, auf denen die blau-weißgestreiften Sitz- und Rückenpolster liegen. Die losen Kissen sind gelb und mit blauen Kornblumenmotiven bedruckt. Das Gelb und das Blau wiederholen sich in dem Streifenmuster der Tapete, mit der der Eckschrank ausgeschlagen ist. Große Blumenvasen und Topfpflanzen bringen lebendige Frische in den Raum. Die rustikale Note in moderner Interpretation zeigt sich auch in den Objekten, die an der Seitenwand der Treppe arrangiert sind. Man verwendet heute gern dekorative Fragmente oder Geräte und plaziert sie isoliert vor einen neutralen Hintergrund. Die dekorative Wirkung und die funktionale Schönheit der Geräte kommen besonders vor der hart weißen Wand gut zur Geltung.

Die Eingangshalle eines Hauses in Florida bezieht ihre dramatische Wirkung von dem auf Säulen ruhenden Kreuzgratgewölbe und von der großartigen Treppe, die in die Halle führt. Es bedarf kühner, dekorativer Mittel, um diesen Stil im ganzen Raum durchzuhalten, und starker, maskuliner Farben und Muster, die nicht in der Größe der Halle ertrinken. Die Wahl fiel auf Schwarz, Weiß, Grau und Rot. In einem solchen Klima schätzt man die Kühle der Innenhöfe, sie wird durch die Keramikflächen und das schwarz-weiße Kachelmuster optisch unterstrichen. Decke, Wände und Treppenhaus sind weiß getüncht und völlig undekoriert belassen. Auf einer Seite wird die Halle durch verglaste Arkaden begrenzt, durch die man in den Garten gelangt. Davor, direkt unter den Lünetten, hängen grau-weiß gestreifte Vorhänge, die man zuziehen kann, um die Wirkung der Mittagssonne zu mildern.

Der runde Tisch in der Mitte der Halle soll das Auge der Vorübergehenden anziehen und sie zum Verweilen einladen. Das bis auf den Boden fallende Tischtuch hat ein altchinesisches Gittermuster in *»crimson«* (karmesinrot) und Grau, das einen perfekten Hintergrund für die Sammlung von Repliken antiker griechischer Vasen und anderer Kostbarkeiten und für das anspruchsvolle Lilienarrangement abgibt. Die Applike und die Laterne im Hintergrund sind spanische Schmiedeeisenarbeiten. Die filigrane Wirkung des Treppengeländers wiederholt sich in der Silhouette des Kerzenleuchters, der Appliken und des Kronleuchters. Passend zum großen Stil der Halle sind auch die gedrehten Seidenkordeln in *»crimson«*, die von antiken Löwenköpfen in Bronze gehalten werden. Die witzige Art, wie man hier mit antiken Objekten umgeht, signalisiert Reichtum und gibt dem Raum zugleich eine heitere, unkonventionelle Note.

Reine, klare Farben geben den Ton an in dem sehr freundlich und lebendig gestalteten Wohnzimmer eines Strandhauses in Brighton. Brighton Rock ist der Name der pink-weiß gestreiften Tapete, die dem Raum seine frische, heitere Note gibt. Gestreift – diesmal in *»sapphire blue«* und weiß – sind auch die Tischdecken. Das pointillistische Gemälde, das den Hintergrund der Szene abgibt, nimmt die Farben Pink und Blau wieder auf. Das Meer sieht man vom Fenster links im Raum; es spiegelt sich in dem großen pastelligen Gemälde gegenüber. Die *»sapphire blue«*- und Pinktöne, das Weiß und das Strohgelb des Interieurs werden von dem Bild zusammengefaßt. Es sind Farben, die die Impressionisten gemocht hätten, und auch das Sujet kommt einigen post-impressionistischen Strandszenen sehr nahe.

Korbstühle mit Kissen sind ungeheuer bequem, und außerdem nehmen sie mit ihren schlanken Formen optisch weniger Platz weg als herkömmliche Polstersessel. Durch die Lackierung mit *»white gloss«* (weißem Schleiflack) wirken sie freundlich und elegant. Auch bei den Chintzkissen ist Weiß dominierend, das Muster ist ein buntgemischter Strauß englischer Gartenblumen, Paspel und Schleifen sind saphirblau. Ein paar einfarbige Kissen in einer Ecke laden zum Sitzen und Lesen ein. Mit Pink, Weiß und Blau nehmen sie die Farben des Raumes noch einmal auf. Die einst düstere alte Standuhr aus Großvaters Zeiten wurde durch einen weißen Anstrich in ein fast surrealistisches Objekt verwandelt. Weiß wurde überall dort verwendet, wo Details herausgehoben oder belebt werden sollten. Eine Decke aus zarter weißer Spitze ziert den Teetisch, das Porzellan ist weißgrundig und hat ein Streublümchenmuster. Der Holzfußboden wurde einmal weiß überstrichen, damit das Licht reflektiert wird und der Raum größer erscheint. Im ganzen Raum herrscht heitere Ferienstimmung, die von den Sommerblumensträußen unterstrichen wird.

Der Reiz, ein modernes Haus auszustatten, liegt häufig darin, aus dem beschränkten Raum, den uns die Architekten zubilligen, einen angemessenen Lebensraum zu schaffen. Die anregende Atmosphäre verdankt dieses Londoner Haus der Dynamik der Farbe, der betont graphischen Gestaltung und der sparsamen Möblierung nach dem Motto »weniger ist mehr«.

Ein Raum im Erdgeschoß dient als Wohn- und Speisezimmer. Die Wände wurden mattweiß angestrichen und die Aufmerksamkeit durch einen auffallenden, glänzenden Anstrich auf den Boden gelenkt: Hier wird ein Keramikmuster mit schwarzen Rauten auf weißem Grund vorgetäuscht. Dadurch wirkt der Raum kühl und lebhaft zugleich. Im gesamten Raum wurde der gleiche Dekorationsstoff verwendet, um die beiden Raumteile wieder zu integrieren. In diesem Fall wurde ein Streifenmuster in *»tropical green«* und *»denim blue«* gewählt. Gewöhnliche Küchenstühle wurden mit vollkommen deckenden Überzügen zu neuem Leben erweckt.

In der Eßecke steht ein zusammenklappbarer Gartentisch, den man wegräumen kann, wenn Platz gebraucht wird. Er ist mit einer bodenlangen Decke in *»poppy«*-Rot bedeckt, das die gleiche Intensität hat wie das Blau und das Grün des Streifenmusters. Darüber liegt eine kleinere Decke mit einem graphischen Muster.

Dieser Raum zeigt, was man mit nur drei Dekorationselementen bewirken kann: mit weißer Farbe, schwarzen und weißen Kacheln und einer geometrischen Bordüre. Die glühenden Kohlen in dem schwarzen, eisernen Ofen ändern nichts an der kühlen Atmosphäre des Raumes.

Die Idee, die Farbe aus einem Raum herauszufiltern, ist genauso extrem, wie ihn mit kontrastierenden Primärfarben zu füllen; der Mangel an Farbe schafft eine ruhige, zurückhaltende Atmosphäre, in der es sich leicht leben läßt. Beige, die eleganteste aller Farben, ist wärmer als Weiß und macht weniger blaß als Grau. Es macht das Licht von Norfolk weicher, nimmt ihm die harten kühlen Töne und läßt den kleinen Raum, der viele Funktionen hat, größer erscheinen.

Die feinen Farbabstufungen von *»honey«*, *»buttermilk«*, *»blonde«*, *»ivory«* (ebenholzfarben), *»cream«* und *»beige«* verschmelzen ineinander und mit den weiß gestrichenen Holzteilen. Als Hintergrund wurde eine neutrale, breit gestreifte Tapete gewählt; sie wurde im Wohnbereich und über den Hängeschränken in der Kochnische verwendet, die man durch einen Stellschirm verbergen kann, wenn sie nicht benutzt wird.

Besonders auffallend sind die Vorhänge, sie wirken durch ihre Länge überaus luxuriös, und ihre glatte, glänzende Oberfläche wirkt hier völlig modern. Chintz wurde auch für die Kissenbezüge gewählt, die statt einer Rüsche mit einem fast glatten, moderner wirkenden Volant abgesetzt sind.

Alles in diesem Appartement ist gedämpft. Die Stuhlbezüge und die Tischdecke wirken durch ihre ungewöhnliche Gestaltung: die scharfen Kellerfalten und die in einer dunkleren Schattierung abgesetzten Kanten. Die Stuhlbezüge sind aus dem gleichen naturfarbenen Baumwollstoff wie der Bezug des Sofas. In der kompakten Küche setzen die cremefarbenen Fliesen und die Schränke mit ihren hellen, naturfarbenen Holzteilen das unauffällige Thema fort.

Die Vasen, die Lampenfüße, die Hocker und die Schalen ordnen sich dem Gesamteindruck des Interieurs unter, das wie ein Muster zum Thema »Der moderne Raum« wirkt.

Eines der wesentlichsten Elemente des modernen Stils ist das richtige Gespür für antike Details, die Fähigkeit, sie so einzusetzen, daß sie in den Raum integriert und hervorgehoben statt überspielt werden. Dieses Gesellschaftszimmer in einem Haus in Berkshire ist ein solcher Fall. Seine sparsame Vertäfelung aus dem 18. Jahrhundert und seine großzügigen Proportionen werden durch die zurückhaltenden Farben der Ausstattung betont. Auch der schöne Kaminsims aus grauem Marmor paßt in die Stimmung des Raumes.

Weiche, blasse Farben wie »*apricot*« und »*aquamarine*« wurden verwendet, um einen gedämpften farblichen Hintergrund zu schaffen. Die Wände sind mit »*apricot*« getüncht, und die Vertäfelung erhielt einen Anstrich in »*cream*«, das mit wenig »*apricot*« gemischt wurde. Auch bei den Vorhängen und den Polstermöbeln wurden die beiden Komplementärfarben »*apricot*« und »*aquamarine*« verwendet. Die Fensterdekoration ist dem Stil des 18. Jahrhunderts nachempfunden: Die damals üblichen reichen Drapierungen der Querbehänge wurden hier etwas zurückgenommen. Als Vorhangstoff wählte man apricotfarbenen Chintz mit aquamarinfarbenem Futter. Akzente wurden durch das Aquamarin der Fransenborte und der Kordeln gesetzt, mit denen die Raffung gehalten wird. Bei den Polstermöbeln wurde das Verhältnis der beiden Farben umgekehrt: dominierend ist hier Aquamarin, die Paspel sind apricotfarben. Einzelne kleine Tische haben Decken in Aquamarin. Die Kombination von Apricot und Pink wirkt ausgesprochen disharmonisch, aber wenn die Nuancen stimmen, können auch ungewöhnliche Farbzusammenstellungen einen guten Klang ergeben. Sehr modern wirkt auch die Verwendung der drei Dekorationsfarben in verschiedener Intensität: Im Bild über dem Kamin erscheint ein dunklerer Apricot-Ton, der auf dem Stellschirm aus Lack und in dem Orangenbäumchen ins Orange übergeht. Der Lampenschirm, der Teppich und die Porzellanschalen wiederholen das Pink, und das Laub hat einen intensiveren Aquamarin-Ton.

Das Schlafzimmer eines Jungen zu dekorieren, kann eine heikle Aufgabe sein. Für Mädchenzimmer gibt es unendlich viele hübsche Möglichkeiten, während Jungen im Allgemeinen mit »Dekoration« nicht viel im Sinn haben. Ein Idol oder ein Hobby kann Anregung für ein originelles Thema sein, das den Charakter eines ganzen Raumes bestimmt. Dieses Schlafzimmer mit seiner erfrischenden Atmosphäre, die so souverän und energiespendend wirkt, bezieht sein Thema von der Liebe seines Bewohners zur See. Das Thema Schiffahrt drückt sich nicht nur in den dekorativen Objekten aus, sondern in der gesamten Ausstattung. Der einheitliche Raumcharakter wurde hier mit verhältnismäßig einfachen Mitteln geschaffen, nämlich mit den Marinefarben Blau und Weiß.

Die Türen sind blau mit weißen Paneelen, die restlichen Holzteile sind ebenfalls mit *»white satin gloss«* gestrichen. Der Einbauschrank hat keine Tür und erinnert an den Stauraum an Bord eines Schiffes, in dem sich so leicht Ordnung halten läßt. Das kastenartige Bett mit den hohen Seitenwänden sieht aus wie das Bett eines Schiffsjungen. Für die Bettwäsche wurden zwei verschiedene Muster verwendet, ein feines blaues Streifendessin und ein anderes mit Kleeblattmotiven. Einen kräftigen Akzent setzt ein prächtiges, altes Kajütenquilt.

Für die Schularbeiten ist eine spartanische Schulbank vorgesehen. Sie wird durch einen mit *»white gloss«* (weißer Schleiflack) angestrichenen Stuhl und ein Sitzkissen aus Baumwollstoff in *»denim blue«* belebt. Der gleiche blaue Baumwollstoff wurde für die Tischdecke, den Sessel und die Faltrollos verwendet. Die Rollos wirken durch die Art der Raffung interessanter als Vorhänge. Die dekorativen Details haben fast alle eine Beziehung zur See, bis hin zu dem Globus und dem Aquarium, der Schiffsuhr und der alten Arche Noah. Es ist ein Raum für aktive Leute, die pünktlich und diszipliniert sind. Ihm fehlt die modernistische Strenge, in der ein Buch oder ein Schiff fehl am Platz wären.

Die kühne Farbgestaltung bringt die Essenz des modernen Stils in das Badezimmer eines Farmhauses – sie ist das gestalterische Prinzip dieses Raums mit seinem fröhlichen Streifenmuster in Apricot und Aquamarin. Frische Farben werden durch die Jalousie eingebracht, die die strenge Form des Fensters hervorhebt, während die zerfließenden Pastellfarben des Baumwollstoffs jugendlichen Überschwang vermitteln. Eine einfache Übermalung mit weißem Schleiflack betont die Fußbodendielen, die Wandleiste, den Fensterrahmen, den altmodischen Heizkörper und läßt den Raum frisch und luftig erscheinen.

Das helle, moderne Streifenmuster der Wände wurde durch eine Grundierung mit *»apricot«* erreicht. Das Aquamarin wurde aufgetragen, nachdem man über die mit einem breiten Lineal gekennzeichneten Streifen Masken gelegt hatte. Die Komplementärfarben erzeugen einen subtilen und doch überraschenden Effekt. Die Schlußtüpfelchen sind der weiße Anstrich des Lloyd-Korbstuhls aus den dreißiger Jahren und das zur Jalousie passende Kissen.

Laura-Ashley-Shops

AUSTRALIEN

The Gallerie
Gawler Place
Adelaide
South Australia 5000

1036 High Street
Armadale
Victoria
Australia 3134

Shop 84
Wintergarden
171 Queen Street
Brisbane
Queensland
Australia 4000

Ship 58
The Gallery
Lemon Grove
Victoria Avenue
Chatswood
N.S.W.
Australia 2067

3 Transvaal Avenue
Double Bay
N.S.W.
Australia 2028

Shop 49
Market Square
Moorabool Street
Geelong
Victoria
Australia 3220

Centrepoint
209 Murray Street
Hobart
Tasmania 7000

179 Collins Street
Melbourne
Victoria
Australia 3000

City Arcade
Hay Street Level
Perth
Western Australia 6000

114 Castlereagh Street
Sydney
Australia

Mezzanine Level –
Centrepoint
Castlereagh Street
Sydney
Australia

BELGIEN

Frankrijklei 27
2000 Antwerpen

Le Grand Sablon 31
1000 Brüssel
(Decorator Showroom)

BUNDESREPUBLIK DEUTSCHLAND

Holzgraben 1–3
5100 Aachen

Karlsstraße 15
8900 Augsburg

Im KaDeWe
Tauentzienstraße 21–24
1000 Berlin 30

Niedernstraße 14
4800 Bielefeld

Sögestraße 54
2800 Bremen 4

Hunsrückstraße 43
4000 Düsseldorf

Goethestraße 3
6000 Frankfurt 1

Neuer Wall 73–75
2000 Hamburg

Georgestraße 36
3000 Hannover

Kaiserstraße 187
7500 Karlsruhe

Hohestraße 160–168
5000 Köln

Ludgeriestraße 79
4400 Münster

Sendlinger Straße 37
8000 München

Ludwigsplatz 7
3500 Nürnberg

Breite Straße 2
7000 Stuttgart 1

Langgasse
6200 Wiesbaden

FRANKREICH

4 Rue Joseph Cabassol
13100 Aix en Provence

2 Place du Palais
Porte Cailhau
33000 Bordeaux

Centre Commercial
»Grand Var«
Avenue de l'Université
83160 La Valette
(Au Printemps)

Niveau 1
Centre Commercial Parly 2
Avenue Charles de Gaulle
78150 Le Chesnay
(Au Printemps)

Rez de Chaussée
39–45 Rue Nationale
59800 Lille
(Au Printemps)

98 Rue Président Edouard
Herriot
69002 Lyon

2ième Etage
6 Avenue Jean Medicin
0600 Nice

1er Etage
40 Bld Haussmann
75009 Paris
(Galeries Lafayette)
Clothes only

5ième Etage
40 Bld Haussmann
75009 Paris
(Galeries Lafayette)
Home Furnishings

Le Printemps de la Mason
7ième Etage
64 Bld Haussmann
75009 Paris

95 Avenue Raymond
Poincaré
75016 Paris

94 Rue de Rennes
75006 Paris

261 Rue Saint Honoré
75001 Paris

34 Rue de Grenelle
75007 Paris

5ième Etage
1–5 Rue de la Haute Montée
67004 Strasbourg Cedex

2 Rue du Temple Neuf
67000 Strasbourg

50 Rue Boulbonne
31000 Toulouse

Niveau 3
Avenue de l'Europe
Centre Commercial Velizy II
78140 Velizy
Villacoublay
(Au Printemps)

GROSSBRITANNIEN

191–197 Union Street
Aberdeen

10 Hale Leys
Aylesbury

The Bear Inn
Market Place
Banbury

Winchester Road
Basingstoke
(Sainsbury's Homebase)

The Old Red House
8–9 New Bond Street
Bath

Pines Way
Bath
(Sainsbury's Homebase)

75 High Street
Bedford

14–16 Priory
Queensway
Birmingham

147 New Street
Birmingham
Clothes only

80 Old Christchurch Road
Bournemouth

762 Harrogate Road
Bradford
(Sainsbury's Homebase)

Ashley Road
Parkstone
Branksome
Poole
(Sainsbury's Homebase)

45 East Street,
Brighton

62 Queens Road
Clifton
Bristol

39 Broadmead
Bristol

1 The Lexicon Cornhill
Bury St Edmunds

14 Trinity Street
Cambridge

41–42 Burgate
Canterbury

5 High Street
Cardiff

Colchester Avenue
off Newport Road
Roath
Cardiff
(Sainsbury's Homebase)

3–4 Grapes Lane
Carlisle

10–13 Grays Brewery Yard
Springfield Road
Chelmsford

100 The Promenade
Cheltenham

17–19 Watergate Row
Chester

32 North Street
Chichester

1 Trinity Square
Chichester

St Andrews Avenue
Colchester
(Sainsbury's Homebase)

Junction Fletchampstead
Highway & Sir Henry
Parks Road
Coventry
(Sainsbury's Homebase)

Stadium Way
Crayford
(Sainsbury's Homebase)

8 Albert Street
Derby

129–131 Terminus Road
Eastbourne

137 George Street
Edinburgh

126 Princes Street
Edinburgh

41–42 High Street
Exeter

The Barn
Lion & Lamb Yard
FARNHAM

Metro Centre
GATESHEAD

84–90 Buchanan Street
GLASGOW

215 Sauchiehall Street
GLASGOW

St Oswalds Road
GLOUCESTER
(Sainsbury's Homebase)

Old Cloth Hall
North Street
GUILDFORD

3–5 James Street
HARROGATE

3–4 Middle Street
HORSHAM

Priory Sidings
Sainsbury Way
Hesle Road
Hessle
HULL
(Sainsbury's Homebase)

Felixstowe Road
IPSWICH
(Sainsbury's Homebase)

17 Buttermarket
IPSWICH

108 The Parade
LEAMINGTON SPA

Church Institute
9 Lands Lane
LEEDS

King Lane
Moortown
LEEDS
(Sainsbury's Homebase)

6 Eastgate
LEICESTER
(Sainsbury's Homebase)

19–23 Cavern Walks
Matthew Street
LIVERPOOL

30 Great Oak Street
LLANIDLOES

London:

256–258 Regent Street
Oxford Circus
LONDON W1

35–36 Bow Street
LONDON WC2

7–9 Harriet Street
LONDON SW1

71–73 Lower Sloane Street
LONDON SW1
(Decorator Showroom)

157 Fulham Road
LONDON SW3

D6/V13 Brent Cross
Shopping Centre
BRENT CROSS
London NW4

90–92 High Street
BROMLEY

10 Beckenham Hills Road
CATFORD
London SE6
(Sainsbury's Homebase)

11 Drummond Place
CROYDON

66A Purley Way
CROYDON
(Sainsbury's Homebase)

Unit 17
Waterglade Centre
EALING
London W5

36–37 High Street
HAMPSTEAD
London NW3

Rookery Way
The Hyde
HENDON
London NW9
(Sainsbury's Homebase)

714–720 High Road
Seven Kings
ILFORD
(Sainsbury's Homebase)

Macmillan House
The Old Town Hall
KENSINGTON
London W8

32–33 Market Place
KINGSTON-UPON-THAMES

229–253 Kingston Road
NEW MALDEN
(Sainsbury's Homebase)

3 Station road
NEW SOUTHGATE
London W8
(Sainsbury's Homebase)

45 Oakfield Road
off Penge High Street
PENGE
London SE20
(Sainsbury's Homebase)

68 George Street
RICHMOND

3–4 Times Square
SUTTON

2c Fulborne Road
WALTHAMSTOW
London E17
(Sainsbury's Homebase)

473 High Street
WILLESDEN
London NW10
(Sainsbury's Homebase)

8–10 King Street
MAIDSTONE

28 King Street
MANCHESTER

48 Linthorpe Road
MIDDLESBROUGH

40–42 Midsummer Arcade
MILTON KEYNES

45 High Street
NEWCASTLE-UNDER-LYME

8 Nelson Street
NEWCASTLE-UPON-TYNE

Victoria Promenade
NORTHAMPTON
(Sainsbury's Homebase)

19 London Street
NORWICH

58 Bridlesmith Gate
NOTTINGHAM

Castle Marina Park
Castle Boulevard
NOTTINGHAM
(Sainsbury's Homebase)

50 Halesowen Street
OLDBURY
(Sainsbury's Homebase)

26–27 Cornmarket
OXFORD

26–27 Little Clarendon Street
OXFORD

189–191 High Street
PERTH

Unit 90
Queensgate Centre
PETERBOROUGH

The Armada Centre
PLYMOUTH

Claydon's Lane
RAYLEIGH WEIR
(Sainsbury's Homebase)

75–76 Broad Street
READING

50 Kenavon Drive
READING
(Sainsbury's Homebase)

13 Market Place
ST ALBANS

49–51 New Canal
SALISBURY

87 Pinstone Street
SHEFFIELD

65 Wyle Cop
SHREWSBURY

2 Above Bar Church
High Street
SOUTHAMPTON

Lordshill Shopping Centre
SOUTHAMPTON
(Sainsbury's Homebase)

107 High Street
SOUTHEND

465–467 Lord Street
SOUTHPORT

41–42 Henley Street
STRATFORD-UPON-AVON

Unit 4, 164 The Parade
Grace Church Centre
SUTTON COLDFIELD

Quay Parade
SWANSEA
(Sainsbury's Homebase)

19E Regent Street
SWINDON

2–4 High Street
TAUNTON

19–21 High Street
TENTERDEN

61 Calverley Road
TUNBRIDGE WELLS

Ing's Road
WAKEFIELD
(Sainsbury's Homebase)

Junction Bradford &
Midland Road
WALSALL
(Sainsbury's Homebase)

Sturlas Way
WALTHAM CROSS
(Sainsbury's Homebase)

50 Halesowen Street
WARLEY
West Midlands

Unit 3
1–7 The Parade
High Street
WATFORD

114 St Albans Road
WATFORD
(Sainsbury's Homebase)

17 Grove Street
WILMSLOW

10 The Square
WINCHESTER

32 Peascod Street
WINDSOR

Crown Passage
Broad Street
WORCESTER

Hylton Road
WORCHESTER
(Sainsbury's Homebase)

Unit 28
Vicarage Walk
Quedam Centre
YEOVIL

7 Daveygate
YORK

Junction Monkgate/Foss Bank
YORK
(Sainsbury's Homebase)

IRLAND

60–61 Grafton Street
DUBLIN

ITALIEN

4 Via Brera
20121 MAILAND

JAPAN

8–22 Hondori
Naka-Ku
HIROSHIMA-SHI

2–4–14 Honcho
Kichijoji
MUSASHINO-SHI

1–26–19 Jiugaoka
Meguro-Ku
TOKIO

KANADA

Sherway Gardens
ETOBICOKE
Ontario
M9C 1B2

2110 Crescent Street
MONTREAL
Quebec
H3G 2B8

136 Bank Street
OTTAWA
Ontario
K1P 5N8

2452 Wilfred Laurier Bld
STE-FOY
Quebec
G1V 2L1

18 Hazelton Avenue
Toronto
Ontario
M5R 2E2

1171 Robson Street
Vancouver
British Columbia
V6E 1B5

Bayview Village Shopping Center
2901 Bayview Avenue
Willowdale
Ontario
M2K 1E6

Mail order:
Laura Ashley
5165 Sherbrook Street W.
Suite 124
Montreal
Quebec
H4A 1T6

NIEDERLANDE

Leidestraat 7
1017 NS Amsterdam

Bakkerstraat 17
6811 EG Arnheim

Demer 24A
5611 AS Eindhoven

Papestraat 17
2513 AV s-Gravenhage

M. Brugstraat 8
6211 GK Maastricht

Lijnbaan 63
3012 EL Rotterdam

Oude Gracht 141
3511 AJ Utrecht

ÖSTERREICH

Judengasse 11
Salzburg

Weinburgasse 5
1010 Vienna

SCHWEIZ

Stadhausgasse 18
4051 Basel

8 Rue Verdaine
1204 Genf

Augustinergasse 21
8001 Zürich

Augustinergasse 42–44
8001 Zürich

VEREINIGTE STAATEN

Crossgates Mall
120 Washington Avenue Extension
Albany, NY 12203

139 Main Street
Annapolis, MD 21401

514 East Washington Street
Ann Arbor, MI 48104

29 Surburban Square
Ardmore, PA 19003

Lenox Square
3393 Peachtree Road
Atlanta, GA 30326

Perimeter Mall
4400 Ashford-Dunwoody Road
Atlanta, GA 30346

Highland Mall 1224
6001 Airport Boulevard
Austin, TX 78752

Pratt Street Pavilion
Harborplace
Baltimore, MD 21202

203 Beachwood Place
26300 Cedar Road
Beachwood, OH 44122

200–219 Riverchase Galleria Mall
Birmingham, AL 35244

180 Town Center Mall
Boca Raton, FL 33431

83 Newbury Street
Boston, MA 02116

23 Church Street
Burlington, VT 05401

Charles Square
5 Bennett Street
Cambridge, MA 02138

Carmel Plaza
Carmel-by-the-sea, CA 93921

Charleston Place
130 Market Street
Charleston, SC 29401

The Mall at Chesnut Hill
199 Boylston Street
Chesnut Hill, MA 02167

Watertower Place
835 N. Michigan Avenue
Chicago, IL 60611

The Citadel
750 Citadel Drive E. 2008
Colorado Springs, CO 80909

1636 Redwood Highway
Corte Madera, CA 94925

3333 Bristol Street
South Coast Plaza
Costa Mesa, CA 92629

Galleria 13350 Dallas Parkway
Suite 1585
Dallas, TX 75240

423 North Park Center
Dallas, TX 75225

Danbury Fair Mall C-118
7 Backus Avenue
Danbury, CT 06810

1439 Larimer Street
Denver, CO 80202

The Kaleidoscope at the Hub
555 Walnut Street
Suite 218
Des Moines, IA 50309

Twelve Oaks, Mall
27498 Novi Road
Suite A
Detroit, MI 48056

Galleria Shopping center
3505 West 69th Street
Edina, MN 55435

11822 Fair Oaks Mall
Fairfax, VA 22033

West Farms Mall
Farmington, CT 06032

2492 E. Sunrise Boulevard
Galleria Mall
Fort Lauderdale, FL 33304

213 Hulen Mall
Fort Worth, TX 76132

58 Main Street
Freeport, ME 04032

Saddle Creek Shopping Center
7615 W. Farmington Boulevard
Germanton, TN 38138

Glendale Galleria
Glendale, CA 91210

Woodland Mall
3175 28th Street S.E.
Grand Rapids, MI 49508

321 Greenwich Avenue
Greenwich, CT 06830

Riverside Square Mall
Hackensack, NJ 07601

Ala Moana Center 2246
Honolulu, HI 96814

The Galleria
5015 Westheimer
Suite 2120
Houston, TX 77056

1000 West Oaks Mall
Suite 124
Houston, TX 77082

Fashion Mall
8702 Keystone Crossing
Indianapolis, IN 46240

The Jacksonville Landing
2 Independent Drive
Jacksonville, FL 32202

Country Club Plaza
308 W. 47th Street
Kansas City, MO 64112

The Esplanade
1401 W. Esplanade
Kenner, LA 70065

White Flint Shopping Mall
11301 Rockville Pike
Kensington, MD 20895

7852 Girard Avenue
La Jolla, CA 92037

Pavilion in the Park
8201 Cantrell Road
Little Rock, AR 72207

10250 Santa Monica Boulevard
Los Angeles, CA 90067

Beverly Center
121 N. La Cienaga Boulevard
Suite 739
Los Angeles, CA 90048

Louisville Galleria 109
Louisville, KY 40202

2042 Northern Boulevard
Americana Shopping Center
Manhasset, NY 11030

Tysons Corner Center
1961 Chain Bridge Road
McLean, VA 22102

The Falls
Space 373
8888 Howard Drive
Miami, FL 33176

The Grand Avenue
275 W. Wisconsin Avenue 5
Milwaukee, WI 53203

208 City Center
40 South 7th Street
Minneapolis, MN 55402

Ridgedale Center
12401 Wayzota Boulevard
Minnetonka, MN 55343

The Mall at Green Hills
2148 Abbot Martin Road
Nashville, TN 37215

260–262 College Street
New Haven, CT 06510

333 Canal Street
151 Canal Place
New Orleans, LA 70130

714 Madison Avenue
New York, NY 10021
(Decorator Showroom)

398 Columbus Avenue
New York, NY 10024

4 Fulton Street
New York, NY 10038

21 East 57th Street
New York, NY 10021

2164 Northbrook Court
Northbrook, IL 60062

224 Oakbrook Center
Oakbrook, IL 60521

Owings Mills Town Center
10300 Mill Run Circle 1062
Owings Mills, MD 21117

320 Worth Avenue
Palm Beach, FL 33480

469 Desert Fashion Plaza
123 North Palm Canyon Drive
Palm Springs, CA 92262

12 Stanford Shopping Center
Palo Alto, CA 94304

221 Paramus Park
Route 17
Paramus, NJ 07652

401 South Lake Avenue
Pasadena, CA 91101

1721 Walnut Street
Philadelphia, PA 19103

Biltmore Fashion Park
2478 E. Camelback Road
Phoenix, AZ 85016

20 Commerce Court
Station Square
Pittsburgh, PA 15219

1000 Ross Park Mall
Pittsburgh, PA 15237

2100 Collin Creek Mall
811 No. Central Expressway
Plano, TX 75075

419 S.W. Morrison Street
Portland, OR 97204

46 Nassau Street
Palmer Square
Princeton, NJ 08544

2 Davol Square Mall
Point & Eddy Street
Providence, RI 02903

Crabtree Valley Mall
4325 Glenwood Avenue
Raleigh, NC 27612

South Bay Galleria
1815 Hawthorne Boulevard
Space 172
Redondo Beach, CA 90278

Commercial Block
1217 E. Cary Street
Richmond, VA 23219

Regency Square Mall
1404 Parham Road
RICHMOND, VA 23229

Northpark Mall
1200 East Country Line Road
RIDGELAND, MI 39157

531 Pavilions Lane
SACRAMENTO, CA 95825

74 Plaza Frontenac
ST LOUIS, MO 63131

St Louis Center C-330
515 N. 6th Street
ST LOUIS, MO 63101

Trolley Square
SALT LAKE CITY, UT 84102

247 Horton Plaza
Space 265
SAN DIEGO, CA 92101

University Town Center
SAN DIEGO, CA 92122

1827 Union Street
SAN FRANCISCO, CA 94123

563 Sutter Street
SAN FRANCISCO, CA 94102
(Decorator Showroom)

Suite 1224
North Star Mall
7400 SAN PEDRO
San Antonio, TX 78216

Le Cumba Galleria
3891 State Street 109
SANTA BARBARA, CA 93105

Valley Fair Mall
Suite 1031
2855 Stevens Creek Boulevard
SANTA CLARA, CA 95050

696 White Plains Road
SCARSDALE, NY 10583

F-331 Woodfield Mall
SCHAUMBURG, IL 60173

405 University Street
SEATTLE, DC 98101

The Mall at Short Hills
SHORT HILLS, NJ 07078

20 Old Orchard Shopping Center
SKOKIE, IL 60077

Stamford Town Center
100 Greyrock Place
STAMFORD, CT 06902

139 Main Street
STONY BROOK, NY 11790

Old Hyde Park Village
718 S. Village Circle
TAMPA, FL 33606

2845 Somerset Mall
TROY, MI 48084

Utica Square
1846 21 Street
TULSA, OK 74114

1171 Broadway Plaza
WALNUT CREEK, IA 94596

3213 M. Street NW
Georgetown
WASHINGTON, DC 20007

85 Main Street
WESTPORT, CT 06880

Bullocks Westwood Shops
10861 Weyburn Avenue
WESTWOOD, CA 90025

422 Duke of Gloucester Street
WILLIAMSBURG, VA 23185

290 Park Avenue North
WINTER PARK
Florida 32789

740 Hanes Mall
WINSTON-SALEM, NC 27103

279 Promenade Mall
WOODLAND HILLS, CA 91367

108 Worthington Square Mall
WORTHINGTON, OH 43085

Mail order:

Laura Ashley Inc.
1300 MacArthur Boulevard
MAHWAH, NJ 07430

Händler

18 Ioannou Metaxa Street
Glyfada
ATHENS
Greece

28 Herodotou Street
10673 Kolonaki
ATHENS
Greece

Engen 51
5000 BERGEN
Norway

P.O. Box 7910
Sheikh Rashid Building
Zabeel Road
DUBAI
United Arab Emirates

29 Wyndham Street
Central
HONGKONG

Riddervoldsgate 10B
OSLO 2
Norway

De Gruchys
King Street
ST HELIER
Jersey

36 Le Bordage
ST PETER PORT
Guernsey

300–301 Eachon-Dong
Yongssan-Kij
SEOUL
South Korea

Yliopistonkatu 33
SF-20100 TURKU 10
Finnland

BIBLIOGRAPHIE

Aslet, Clive, *The Last Country Houses,* Yale 1982
Bel Geddes, Norman, *Horizons,* Little, Brown 1932
Campbell, Colen, *Vitruvius Britannicus,* 1715
Chambers, Sir William, *Treatise on Civil Architecture,* 1759
Clark, Sir Kenneth, *The Gothic Revival,* Constable 1928
Cornforth, John, *The Inspiration of the Past,* Viking 1985
Fowler, John and Cornforth, John, *English Decoration in the Eighteenth Century,* Barrie and Jenkins 1974
Fry, Roger, *Letters* Ed. Denys Sutton, Chatto and Windus 1972
Girouard, Mark, *Life in the English Country House,* Yale 1978
Harcourt Smith, Simon, *The Last of Uptake,* Batsford 1983
Hillier, Bevis, *The Style of the Century,* Dutton 1983
Hoggart, Richard, *The Uses of Literacy,* Chatto and Windus 1957
Hope, Thomas, *Household Furniture and Interior Decoration,* 1807
Huysman, J. K., *A Rebours,* 1884
Jones, Owen, *The Grammar of Ornament,* 1956; reprint Studio Editions 1986
Jourdain, Margaret, *English Interior Decoration 1500–1830: A Study in the Development of Design,* Batsford 1950
Lancaster, Osbert, *Pillar to Post,* John Murray 1938
Larsson, Carl, *The House in the Sun,* 1904
Le Corbusier, *Manual of the Dwelling,* 1923
Morphet, Richard, 'The Significance of Charleston', *Apollo,* November 1976
Muthesius, Hermann, *Das englische Haus,* 1904
Nelson, George, *Tomorrow's House,* 1950
Palladio, Andrea, *I quattro libri dell' architettura,* 1715
Ramsay, Stanley C. and Harvey, J. D. M., *Small Georgian Houses and their Details, 1750–1820,* Architectural Press 1972
Robinson, John Martin, *The Latest Country Houses,* Bodley Head 1984
Ruskin, John, *Modern Painters,* Smith & Elder 1846
Rykwert, Joseph and Anne, *The Brothers Adam,* Collins 1984
Snodin, Michael and others, *Rococo,* Trefoil 1984
Spalding, Frances, *Vanessa Bell,* Weidenfeld & Nicolson 1983
Steegman, John, *The Rule of Taste,* Macmillan 1936
Thornton, Peter, *Innenarchitektur in drei Jahrhunderten,* BusseSeewald 1985
Waugh, Evelyn, *A Handful of Dust,* Chatman & Hall 1934
Waugh, Evelyn, *Brideshead Revisited,* Chatman & Hall 1945
Wharton, Edith and Ogden Codman, *The Decoration of Houses,* New York 1897
Whistler, Laurence, *The Laughter and the Urn, the life of Rex Whistler,* Weidenfeld & Nicolson 1986

Bildnachweis

Die Veröffentlichung aller Bilder erfolgte mit freundlicher Genehmigung des Laura-Ashley-Archivs, mit Ausnahme der folgenden:

S. 14 Henry Sylvester Stannard, *Sailing the Boat*
Fine Art Photographic Library

S. 15 S. Hayllar, *May Day*
Fine Art Photographic Library

S. 16 W. Ackermann, Cottage von Georg IV. im Park von Windsor
Windsor Castle Royal Library, mit freundlicher Genehmigung Ihrer Majestät, Königin Elisabeth II.

S. 17 Sir John Sloanes Entwurf für eine Molkerei
Victoria and Albert Museum, London (Foto: Angelo Hornak)

S. 18 Frederic Daniel Hardy, *The Foreign Guest*
Fine Art Photographic Library

S. 19 Stickproben, 19. Jahrhundert
Norfolk Museums Service (Strangers' Hall Museum, Norwich)

S. 20 Entwurf für ein Tapetenmuster von William Morris: *Jasmine Trellis*
Victoria and Albert Museum, London (Weidenfeld & Nicolson)

S. 21 T. M. Rooke, Speisezimmer von Edward Burne-Jones in London
Mrs. Ralph Oliphant (Archiv von Weidenfeld & Nicolson)

S. 22 Walter Crane, Titel von *The House Beautiful* von 1896
Victoria and Albert Museum, London (Bridgeman Art Library)

S. 23 Entwurf für ein Stoffmuster von Charles Voysey
Stoffdruck von G. P. and J. Baker Ltd., Victoria and Albert Museum, London (Bridgeman Art Library)

S. 24 *Oben links:* Carl Larson, *Brita's Forty Winks* aus der Serie *At Home,* Nationalmuseum, Stockholm (Foto: Statens Konstmuseer)
Oben rechts: M. Größer, Ein Gesellschaftszimmer in Wien
Historisches Museum der Stadt Wien
Unten: Bemalter Stuhl, 19. Jahrhundert, Pennsylvanien
The American Museum in Britain, Bath

S. 25 *Oben:* Titelseite von *The Craftsman,* Nr. V. Januar 1904
Victoria and Albert Museum, London (Archiv: Weidenfeld & Nicolson, Foto: Eileen Tweedy)
Unten: Brautquilt, Baltimore
The American Museum in Britain, Bath

S. 26 *Oben* und *unten:* Aus *Year Book of Decorative Art,* 1919, herausgegeben von *The Studio*

S. 27 Entwurf für eine Küche von Waring and Gillow veröffentlicht in The Book of Home, Bd. II
Hrsg. Mrs. C. E. Humphry, erste Veröffentlichung 1914

S. 50 Stickproben aus dem 18. Jahrhundert
Royal Scottish Museum, Edinburgh

S. 51 *Links:* Grinling Gibbons, geschnitztes Paneel aus Petworth House, Sussex
Archiv: Weidenfeld & Nicolson
Rechts: David Cox: Die lange Galerie von Hardwick Hall
Trustees of the Chatsworth Estate (Foto: Angelo Hornak)

S. 52 Johann Zoffany, *Queen Charlotte in her Dressing Room in Buckingham House*
Reproduktion mit freundlicher Genehmigung Ihrer Majestät, Königin Elisabeth II.

S. 54 *Oben:* A. Sebriako, Ditchley Park, Oxfordshire
Entwurf: William Kent, ET Archiv
Unten: John Venn, Architekturquerschnitt durch ein Haus aus dem 18. Jahrhundert, 1774
The Royal Academy of Arts, London

S. 55 *Oben:* Robert Adam, Entwurf für die Decke eines Fischerhauses in Kedleston Hall, Derbyshire, um 1769
Mit freundlicher Genehmigung des National Trust, Kedleston Hall Appeal/National Trust
Unten: Robert Adam, Entwurf für eine Wand des Lesezimmers von Kedleston Hall, Derbyshire, 1768
Mit freundlicher Genehmigung des National Trust, Kedleston Hall Appeal/National Trust

S. 56 *Oben:* John Nash, Ansichten des Royal Pavilion, Brighton: Der Korridor, 1815
Foto: Angelo Hornak
Unten: The Blue Velvet Closet, Zeichnung von C. Wild, Kupferstich von R. Reeve
Guildhall Library, London (Bridgeman Art Library)

S. 58 W. H. Bartlett, Das Boudoir von Deepdene, Surrey, Entwurf von Thomas Hope
Lambeth Archives Department (Foto: M. D. Trace)

S. 59 *Oben:* Die Nordfront von Knightshayes, um 1867
The National Trust
Unten: Schal mit Paisley-Muster, 19. Jahrhundert
Victoria and Albert Museum, London

S. 60 Ein neo-georgianischer Entwurf aus *Interior Woodwork,* um 1910
Victoria and Albert Museum, London

S. 61 Aus Ernest Foussiers *Nouveaux Modèles de Tentures,* Fensterdekorationen, Paris 1900
Victoria and Albert Museum, London

S. 84 John Edward, Anemonen aus *A Collection of Flowers drawn after Nature,* 1783–1785
Archiv: Weidenfeld & Nicolson

S. 85 Samuel Rayner, Schlafzimmer in einem Stadthaus, um 1855
Archiv: Weidenfeld & Nicolson

S. 86 *Oben:* Das grüne Kabinett, Ham House, Surrey
Victoria and Albert Museum, London
Unten: Großer Salon in der Amalienburg im Park von Nymphenburg, München, Entwurf: François Cuvilliés, 1739
Foto: Angelo Hornak

S. 87 *Oben:* Antoine Watteau, *La Gamme d'Amour*
The National Gallery, London
Unten: Entwurf für einen Damastbrokat, 1744
Victoria and Albert Museum, London

S. 88 John Carter, *The Holbein Chamber at Strawberry Hill* aus Horace Walpoles *A Description of the Villa,* 1784
Mit freundlicher Genehmigung der Lewis Walpole Library Yale Universität

S. 89 *Links:* Sitz in einer Fensternische im »gotischen« Stil
Foto: Fritz von der Schulenburg

S. 89 *Rechts:* Das südliche Ende der St.-Michaels-Galerie in Fonthill Abbey, aus John Britton, *Illustrations . . . of Fonthill Abbey, Wiltshire,* 1823, Clive Wainwright

S. 90 Ein Interieur von George Logan aus *Documents d'architecture moderne,* um 1903
Victoria and Albert Museum, London

S. 91 Bedruckter Baumwollstoff, englisch, 1899
Victoria and Albert Museum, London

S. 92 *Oben:* Knut Ekwald, Consolation
Fine Art Photographic Library
Unten: François-Etienne Villeret, *Dressing Room with a Tented Ceiling,* 1848
Mit freundlicher Genehmigung von Hazlitt, Gooden and Fox

S. 93 *Oben:* David Roos, Entwurf für das Schlafzimmer von Miss Faye Dunaway, 1985
Mit freundlicher Genehmigung von David Roos

S. 93 *Unten:* Rex Whistler, Wandgemälde für das Speisezimmer von Plas Newydd, Anglesey, Foto: John Bethell

S. 116 John S. Goodall, *A Georgian House*
Christopher Wood Gallery, London (Bridgeman Art Library)

S. 118 Chippendales Puppenhaus in Nostell Priory, West Yorkshire
The National Trust (Foto: Angelo Hornak)

S. 118/119 Charles Philips, *A Tea Party at Lord Harrington's House,* 1730
Yale Center for British Art, Paul Mellon Collection

S. 119 John Collett, *Covent Garden, Piazza and Market*
ET-Archiv

S. 120 *Oben:* William Verelst, *Sir Henry Gough and his Family*
Privatsammlung, Victoria and Albert Museum, London
Unten: William Hogarth, *The Graham Children*
The National Gallery, London

S. 121 *Oben:* Giuseppe Grisoni, *A Masquerade at the King's Opera House in the Haymarket,* um 1720
Victoria and Albert Museum, London
Unten: Stellwand mit Jagdszenen
Mit freundlicher Genehmigung von Sotheby's London

S. 122 *Oben:* Theodore Le Brun, Französische Bürgerin, lesend
The Metropolitan Museum of Art, New York, Stiftung von Anne Stern, 1979
Unten: J. C. Nattes, *Sidney Gardens,* Bath
Victoria Art Gallery, Bath (Bridgeman Art Library)

S. 123 *Oben* und *unten:* Aus Humphry Reptons *Fragments on the Theory of Landscape Gardening,* 1816, Salon und Wohnzimmer
British Library (Archiv Weidenfeld & Nicolson/Foto: Eileen Tweedy)

S. 124 Königin Viktoria und Prinz Albert im Salonwagen des königlichen Zuges mit König Louis Philippe
Guildhall Library (Archiv Weidenfeld & Nicolson)

S. 124/125 *Ein Morgenzimmer,* englische Schule
Fine Art Photographic Library

S. 126 *Oben:* Worthington Whittredge, *Window on the Hudson,* 1863
New York Historical Society (ET-Archiv)

S. 126 *Unten:* Eastman Johnson, *The Hatch Family,* 1871
The Metropolitan Museum of Art, Stiftung Frederic H. Hatch, 1926 (26.97)

S. 127 Entwurf für eine Deckendekoration aus César Dalys *Decorations intérieures peintes,* 1877
Victoria and Albert Museum, London

S. 128 Derek Patmore, *Colour Schemes and Modern Furniture,* 1945, Das Musikzimmer
Victoria and Albert Museum, London (Archiv Weidenfeld & Nicolson, Foto: Eileen Tweedy)

S. 129 *Oben:* Das Speisezimmer von Charleston Manor, Sussex
Derry Moore
Unten: Das Wohnzimmer von Charleston Manor, Sussex
Derry Moore

S. 135 *Oben:* Die Familie Ruspoli
Mit freundlicher Genehmigung des Prinzen Alessandro Ruspoli

S. 140 Robert Smirke, *Mme Recamiers Schlafzimmer*
Royal Institute of British Architects, London, Drawings Collection

S. 152 Georges Lepape, Modeentwurf aus *Les Choses de Paul Poiret,* Paris, 1911
Victoria and Albert Museum, London

S. 153 Entwurf von Hans Heller aus *Moderne Bauformer,* Stuttgart, um 1905
Victoria and Albert Museum, London (Archiv Weidenfeld & Nicolson/ Foto: Eileen Tweedy)

S. 155 *Oben:* Das Speisezimmer von Martin Battersby,
Derry Moore
Unten: Ein Tisch, entworfen von Ruhlmann für die Wohnung von Martin Battersby
Derry Moore

S. 156 Treppe im Haus von Patrick Gwynne
Derry Moore

S. 156/157 Entwurf für ein Boudoir von W. Gutmann aus *Modern Interiors in Colour,* Frankfurt, 1930
Victoria and Albert Museum, London (Archiv Weidenfeld & Nicolson/ Foto: Eileen Tweedy)

S. 157 Wohnzimmer im Haus von Patrick Gwynne
Derry Moore

S. 158 Titelseite des Katalogs *The Festival of Britain,* 1951
Entwurf Council Picture Library

S. 159 Das Gesellschaftszimmer von Knightsbridge House, London
Derry Moore

S. 161 *Links:* David Hockney, *Mr. and Mrs. Clark and Percy*
The Tate Gallery London

S. 162 David Hicks, Tischgestaltung
David Hicks International

S. 162/163 Das Wohnzimmer von Mrs. Nancy Lancaster, Avery Row, London
Derry Moore

S. 132 Laura Ashley dankt C. John (Rare Rugs) Ltd., 70 South Audley Street, London WIY 5 FE für das Ausleihen eines Aubusson-Teppichs

Register